HENNING PEPPEL

Mit Bewegung und Emotionen eine Fremdsprache unterrichten

Mehrkanalige Übungen für Englisch, Französisch und Spanisch

Klassen 5–13

Cornelsen

Der Autor
Henning Peppel unterrichtet seit 2013 moderne Fremdsprachen an einem Gymnasium in Niedersachsen und ist seit 2018 Fachseminarleiter am Studienseminar Verden. Dazu kommen mehrjährige Tätigkeiten an Universitäten in den Bereichen Fremdsprachendidaktik und Linguistik, in der Lehrerfortbildung und als Autor von Lehrwerken und fachdidaktischer Literatur.

Projektleitung: Dorothee Weylandt, Berlin
Redaktion: Birte Meyer, Berlin
Umschlaggestaltung: LemmeDESIGN, Berlin
Layout: LemmeDESIGN, Berlin
Umschlagbild: stock.adobe.com/vectorfusionart
Illustrationen: Dorina Tessmann, Berlin
Illustrationen Flaggen: Frankreich – Shutterstock.com/Anatoly Tiplyashin;
Spanien – Shutterstock.com/VectorforPro; USA – Shutterstock.com/charnsitr
Technische Umsetzung: Straive, Chennai

www.cornelsen.de

1. Auflage, 1. Druck 2023

Druck: AZ Druck und Datentechnik, Kempten

ISBN 978-3-589-16921-4

Inhaltsverzeichnis

Vorwort

Die folgenden Unterrichtsideen sollen Ihnen als Lehrkräften für den Fremdsprachenunterricht Möglichkeiten aufzeigen, mithilfe emotionalisierter Übungen und unterschiedlichen Bewegungselementen sprachliche Mittel (vor allem Lexik und Grammatik) sowie produktive Kompetenzen und prozessorientierte Strategien bei Schülerinnen und Schülern zu festigen. Zahlreiche Übungen weisen dabei einen spielerischen Charakter auf und können problemlos an die jeweilige Lerngruppe angepasst werden. Die dargestellten Aktivitäten, die aufgrund ihres mehrkanaligen und spielerischen Charakters zu den intelligenten Übungen (vgl. Bär 2016, Fischer 2020) gezählt werden können, zielen insbesondere darauf ab, Bewegungen und Emotionen in den Unterricht zu integrieren, um sowohl die affektiv-emotionale als auch die kognitive Ebene anzusprechen.

Alle Aktivitäten wurden bereits im Unterricht erprobt und sind flexibel einsetzbar. Vielfach liegt der Schwerpunkt auf der Konsolidierung bestimmter sprachlicher Mittel oder der spielerisch-bewegten Abwechslung bei der Kompetenzförderung. Grundsätzlich sind zur Ausführung keine besonderen Materialien vonnöten, die Sie als Lehrkraft im Vorfeld bedenken müssen. Die vorgestellten Übungen werden für alle drei in Deutschland hauptsächlich unterrichteten modernen Fremdsprachen aufbereitet: Englisch, Französisch und Spanisch. Durch die strukturellen sprachlichen Unterschiede zwischen Englisch einerseits und Französisch sowie Spanisch andererseits ergeben sich teilweise unterschiedliche Förderungsschwerpunkte, auf die vor den Übungen hingewiesen wird.

In jeder Übung wird auch auf die entsprechenden didaktisch-methodischen Überlegungen eingegangen: Was wird durch diese Aktivität im Sinne eines intelligenten Übungsansatzes gefördert? Außerdem erfolgt eine Analyse des Impulses unter Einbezug der sich dadurch ergebenden Schwierigkeiten aufseiten der Schülerschaft. Daraus resultieren Vorschläge zur Differenzierung, die Sie je nach Lernausgangslage verwirklichen können. Erläuterungen zur Umsetzung mit Blick auf die geeignete Sozialform sowie zur Förderung von Emotionen und Bewegungselementen erleichtern die Durchführung; auch methodische Alternativen werden einbezogen.

Ich wünsche Ihnen viel Freude dabei, die eine oder andere Aktivität in Ihrem Unterricht auszuprobieren und Ihre Schülerinnen und Schüler bei der Ausführung zu fördern und zu motivieren.

Henning Peppel

1 Spielerisches Lernen mit Emotionen und Bewegung

Dass Bewegung und Emotionen einen positiven Einfluss auf das Fremdsprachenlernen haben, ist hinreichend bekannt (vgl. WOLFF 2004, SAMBANIS 2021). Lernprozesse sind über neuronale Netzwerke miteinander verzahnt, dabei nimmt die körperliche Aktivität ebenso wie die Sprache eine wesentliche Rolle ein (vgl. BAUR & ZARUDKO 2016). Studien über die Verknüpfungen von Wahrnehmung und motorischer Handlung zeigen, dass Lernprozesse effektiver und nachhaltiger sind, wenn sie durch sensorische und motorische Eindrücke ergänzt bzw. angereichert werden (vgl. SAMBANIS 2021). Ein besonderes Potenzial bieten dabei die in Verbindung mit zielgerichteter Bewegung auftretenden verarbeitungs- und behaltensförderlichen Effekte (vgl. SAMBANIS & WALTER 2019, MACEDONIA 2020). Angesichts des positiven Einflusses von Emotionen auf Lernprozesse bietet es sich an, Lernarrangements zu entwerfen, die zielgerichtete und inhaltsspezifische Bewegungen für die Förderung von Lernprozessen mit Emotionen verknüpfen. Emotionen weisen beim Lernen eine Selektionsfunktion auf, da insbesondere das verarbeitet und verankert wird, was für das Individuum emotional bedeutsam ist (vgl. WOLFF 2004). So wie beim Lernen mit Bewegung die Behaltenszeit deutlich gesteigert wird, können positive Gefühle sowohl die Quantität der Informationen als auch die Dauerhaftigkeit von Gedächtnisleistungen erhöhen (vgl. KIEWEG 2003). Daher bieten ganzheitliche Ansätze ein hohes Potenzial, um Fremdsprachenunterricht nachhaltiger, motivierender und handlungsorientierter zu gestalten, insbesondere im Hinblick auf die Konsolidierung sprachlicher Mittel, aber auch um produktive Fertigkeiten ganzheitlich zu festigen. Ein ganzheitlich ausgerichteter Fremdsprachenunterricht mit Kopf, Herz und Hand kann dabei ebenso mit spielerischen Lernarrangements angereichert werden, um sprachliche Kompetenzausbildung implizit zu fördern. Durch derlei spielerische Unterrichtsgestaltung lässt sich Sprachbewusstheit ausbilden und eine angstfreie Atmosphäre schaffen, die ein Ausprobieren in der Fremdsprache fördert. Außerdem lassen sich emotionale und kognitive Elemente alternierend und einander ergänzend mit einbeziehen (vgl. LEUPOLD 2007, THALER 2020), um im Ergebnis eine positive Einstellung zur Fremdsprache herauszubilden. Darüber hinaus sorgen diese Faktoren grundsätzlich für ein positives Lernklima und eine sich steigernde Motivation, die auch die Lehrer-Schüler-Beziehung nachhaltig positiv beeinflusst. Da die mehrkanaligen Übungen variabel innerhalb der Unterrichtsstruktur einsetzbar sind, bieten sie gleichsam hohes Potenzial für eine abwechslungsreiche Phasierung, die zu einem nachhaltigen Lernprozess beiträgt. Die sprachlichen Hilfestellungen zielen insbesondere auf Elemente der gesprochenen Sprache ab, da die Orientierung an der schriftsprachlichen Norm im Unterrichtsgeschehen häufig die Regel darstellt. Doch für interkulturelle Begegnungssituationen ist gerade die gesprochene Sprache von hoher Relevanz.

Mündliche lexiko-grammatische Übungen

2.1 Kollokationentennis

Mögliche Durchführung:
Die Schülerinnen und Schüler bilden Paare. Jedes Paar wählt ein Verb aus. Beispiel: Schülerin A beginnt und nennt das Verb im Kontext, z. B. mit einem weiteren Nomen. Danach ist Schüler B an der Reihe. Auch er muss mit dem gleichen Verb einen Satz bilden. Die Person, die zuerst keinen passenden Kontext für das Verb findet, verliert. Gespielt wird wie beim Tennis bis 6. Anschließend sucht das unterlegene Teammitglied ein Verb aus, zu dem wieder Kontexte gefunden werden müssen.

Während der Darstellung eines kontextualisierten Verbs, sollte die Kollokation durch eine zielgerichtete Bewegung imitiert werden, um sie nachhaltig zu verankern. Zuletzt können im Plenum im Sinne einer Sprachbewusstseinsphase weitere Kollokationen zu den thematisierten gemeinsam gesammelt werden.

verb: to run

A: I run the dishwasher.
B: I run somebody home.
A: I run a race.
B: I run a test.
A: I run a risk.
B: I run a story.

verbe: jouer

A: Je joue au foot.
B: Je joue aux cartes.
A: Je joue au tennis.
B: Je joue du piano.
A: Je joue de la guitare.
B: Je joue au handball.

verbo: hacer

A: Hago los deberes.
B: Hago comida.
A: Hago un favor.
B: Hago una llamada.

A: Hago una pregunta.
B: Hago dinero.

Didaktisch-methodische Überlegungen:
Durch derlei Übungen werden die Schülerinnen und Schüler angeleitet, Mehrworteinheiten bewusst wahrzunehmen und sie – als übergeordnetes Ziel – in situativen Aufgaben zu verwenden. Der Gebrauch und die Festigung von Kollokationen sorgen dafür, dass die Lernenden flüssiger und natürlicher im Ausdruck werden, denn ein Großteil unserer Äußerungen besteht aus Mehrworteinheiten. Dadurch wird dem schwierigen Spagat zwischen Kognition einerseits und Automatisierung andererseits Rechnung getragen. Umso wichtiger ist es, Übungen mit Kollokationen immer wieder einzusetzen.

Umsetzungsalternativen:
Es ist ebenfalls denkbar, die Paare wie beim Tennis im Doppel gegeneinander antreten zu lassen. Dabei sollte jemand hinzugezogen werden, die oder der quasi vom Schiedsrichterstuhl die Richtigkeit – bei Unsicherheit oder fehlender Konzilianz – mithilfe eines Wörterbuches überprüft und vermittelt. Ausgewählte Paare können sich nach einer dezentralen Phase im Plenum duellieren. Als zusätzliche Herausforderung sollte das zu kontextualisierende Verb aus dem Plenum vorgegeben werden.

2.2 Assoziative Kollokationen

Mögliche Durchführung:
Die Schülerinnen und Schüler bilden Dreiergruppen. Zwei von ihnen bilden ein Paar, das dritte Gruppenmitglied wählt ein Thema aus, das für das Paar interessant ist und agiert zugleich als Schiedsrichterin bzw. Schiedsrichter. Die Rollen können nach mehreren Runden getauscht werden. Die Übung findet zunächst dezentral statt, damit möglichst viele Schülerinnen und Schüler aktiviert werden und kombiniert Lexik und Syntax reaktivieren. Beispiel: Schüler A und Schülerin B bilden das Paar, Schüler C ist der Schiedsrichter. Er gibt das Sachfeld *my room/ma chambre/mi habitación* vor. Findet Schüler A keine passende Kollokation, bekommt Schülerin B einen Punkt. Es ist im Anfängerunterricht ebenso denkbar, sich zunächst nicht auf Kollokationen, sondern auf einzelne Wortassoziationen zu einem Themenfeld zu beziehen.

Es kann eine zu erreichende Punktzahl vorgegeben oder ein Zeitlimit gesetzt werden (z.B. fünf Minuten). Der Schwierigkeitsgrad lässt sich darüber hinaus etwas erhöhen, wenn das Verb konjugiert wird bzw. sogar im späteren Lernprozess unterschiedliche Zeitformen Verwendung finden. Darüber hinaus können Temporaladverbien (z. B. *sometimes/parfois/a veces*) integriert werden, um eine weitere Nuancierung zu ergänzen und deren Verwendung zu automatisieren. In diesem Fall wäre ein visualisierter Hilfskasten sinnvoll, damit schwächere Lernende ebenfalls auf Anhieb die Möglichkeit haben, richtige Sätze zu formulieren.

Subject: my room

A: I sleep in my room.
B: I play in my room.
A: I chat in my room.
B: I do my homework in my room.
A: I feel good in my room.
B: I relax in my room.

Variante mit einzelnen Assoziationen:
Subject: my room

A: My table.
B: My desk.
A: My stuff.
B: My bed.
A: My door.
B: My playstation.

Sujet: ma chambre

A: Je joue dans ma chambre.
B: Je fais mes devoirs dans ma chambre.
A: Je téléphone dans ma chambre.
B: J'écris des messages dans ma chambre.
A: Je dors dans ma chambre.
B: Je mange dans ma chambre.

Variante mit einzelnen Assoziationen:
Sujet: ma chambre

A: Ma table.
B: Mon lit.
A: Ma porte.
B: Mon fauteuil.

A: Ma chaise.
B: Mon ordinateur.

Tema: mi habitación

A: Chateo con amigos.
B: Hago mis deberes.
A: Hablo por teléfono.
B: Juego con mi mascota.
A: Hago deberes.

Variante mit einzelnen Assoziationen:
Tema: mi habitación

A: Mi mesa.
B: Mi cama.
A: Mi escritorio.
B: Mi silla.
A: Mi gato.
B: Mi tele.

Didaktisch-methodische Überlegungen:
Da es weitgehende Evidenz für das Bestehen eines mentalen Lexikons gibt, ist es sinnvoll, die bestehenden Verbindungsstränge in verschiedene Assoziationsnetze durch abwechslungsreiche und mehrkanalige Übungen in den Unterricht einzubinden. Im Sinne eines *spaced-practice*-Ansatzes (vgl. HATTIE 2009) bietet es sich an, diese immer wieder in den Unterricht zu integrieren, damit einer höheren Behaltensleistung angesichts vergessensanfälliger Netze in der Fremdsprache Rechnung getragen wird. Diese Konsolidierungsübung berücksichtigt die lexikalisch-semantischen Relationstypen in zweierlei Hinsicht: Zum einen werden auf diese Art und Weise Ober- und Unterbegriffe bzw. hierarchische Strukturen fokussiert. Zum anderen wird die Linearität der Syntagmen durch die Kollokationen in Augenschein genommen.

Umsetzungsalternativen:
Wie in der vorherigen Übung besteht die Möglichkeit, die Paare im Doppel gegeneinander antreten zu lassen. Nach der Präsentation einiger Duelle im Plenum können gemeinsam zu den Wörtern passende Verben gefunden werden, um das Bewusstsein für Kollokationen zu schärfen und Lexik und Syntax nicht unnatürlich zu trennen.

2.3 Kollokationen-Paare

Mögliche Durchführung:
Alle Schülerinnen und Schüler spielen mit und fungieren als Spielkarten – mit Ausnahme von zwei, die den Klassenraum zunächst verlassen. Währenddessen suchen sich alle anderen eine Partnerin oder einen Partner und wählen paarweise ein Wort aus, und zwar ausschließlich ein kontextualisiertes Verb, das eine Kollokation darstellt. Beispiel: Schülerin A übernimmt die Rolle der fremdsprachlichen Kollokation, Schüler B die der deutschen Übersetzung. Da es sich um Verben handelt, kann die Kollokation von den Schülerinnen und Schülern während des Spiels imitiert werden. Jetzt werden die zwei Lernenden, die draußen gewartet haben, wieder in den Klassenraum geholt. Sie müssen nun versuchen, die passenden Paare zu finden. Pro gefundenes Paar bekommen sie einen Punkt. Bei der Übung kommen die mehrkanaligen Vorzüge durch eine geäußerte Kollokation in der Fremdsprache, die passende Bewegung dazu sowie durch die Übersetzung im Sinne des *voice movement icon* zum Tragen.

A: To take a picture.
B: Ein Photo machen.

C: To play soccer.
D: Fußball spielen.

A: Écrire un texte.
B: Einen Text schreiben.

C: Fermer les yeux.
D: Die Augen schließen.

A: Escuchar música.
B: Musik hören.

C: Estudiar matemáticas.
D: Mathematik studieren.

Didaktisch-methodische Überlegungen:
Im Sinne einer didaktischen Reduktion kann eine Eingrenzung vorgenommen werden, indem sich die Lernenden ausschließlich auf Verben der aktuellen Lektion beziehen oder die Klasse selbst das Thema vorgibt. Dies bietet den Ratenden mehr inhaltliche Orientierung. Zur Differenzierung nach „oben“ bieten sich Schülerinnen und Schüler an, die über eine passable Merkfähigkeit und Wortschatzkenntnisse verfügen. Im Rahmen der

Mehrsprachigkeitsdidaktik ist es ebenso möglich, sprachübergreifende Wortpaare zu verwenden, wie z. B. *to take a picture – sacar una foto, apprendre du vocabulaire – to learn vocabulary.* Auf diese Weise können Sprachvergleiche einbezogen und Ähnlichkeiten zwischen Sprachen festgestellt werden. Zur Differenzierung können weiterhin semantische Relationen Verwendung finden, z. B. in Form von Antonymen wie *to turn the light on ≠ to switch the light off.*

Umsetzungsalternativen:
Beim Raten können auch Paare gegeneinander antreten. Bei einer an Jungen und Mädchen etwa ausgeglichenen Gruppe können die Geschlechter gegeneinander antreten; dies ist in Anfängerlerngruppen äußerst motivierend, weil sich sehr viel Mühe bei der möglichst anschaulichen Umsetzung der Pantomime gegeben wird. Außerdem kann die Kommunikation während des Spiels gesteigert werden, indem die Ratenden den anderen Fragen stellen müssen, wie z. B.: *What are you doing?/Qu'est-ce que tu fais?/¿Qué estás haciendo?* Während sie sagen, was sie tun, machen die Schülerinnen und Schüler dann ihre Aktivität vor. Möglich ist dies auch unter der Verwendung einer konjugierten Verbform, wie z. B.: *I am taking a picture./Je prends une photo./Estoy sacando una foto.*

2.4 Gemütszustände

Mögliche Durchführung:
Die Schülerinnen und Schüler bilden Paare. Beispiel: Schüler A bringt mithilfe von Mimik und/oder Gestik eine selbst gewählte Emotion zum Ausdruck. Schülerin B äußert sich anschließend dazu, indem sie eine Frage zum Gemütszustand des Partners stellt. Anschließend wechseln sie die Rollen.

Zum Einstieg kann die Übung auch zuerst im Plenum durchgeführt werden.

A: Hey (+ name). What's the matter with you? Why are you looking as if you are (+ adjective)?

B: Actually I am (not) (+ adjective) because/because of …
A: Okay./I understand.

A: Dis donc, pourquoi est-ce que tu as l'air d'être (+ adjectif)?
B: En fait, je (ne) suis (pas) (+ adjectif) parce que/à cause de …
A: Ah bon!/Je comprends.

A: ¿Qué pasa? ¿Por qué pareces como si (+ imperfecto de subjuntivo) (+ adjetivo)?
B: Es que (no) estoy (+ adjetivo) porque/por ...
A: Vale./Entiendo.

Didaktisch-methodische Überlegungen:
Durch diese Übungen werden alltägliche kurze Kommunikationssituationen trainiert, die auf typische zwischenmenschliche Alltagsfragen abzielen. Die Herausforderung besteht darin, passende Adjektive zu finden und den passenden Verbmodus zu bilden (im Spanischen *imperfecto de subjuntivo*). Die kommunikativen Vorstrukturierungen können in starken Lerngruppen weggelassen werden. Zur Differenzierung kann im Französischen auch auf die Floskel *comme si* zurückgegriffen werden, die das *imparfait* einfordert. Durch die starke emotionale Färbung und die Verbindung von Mimik und Gestik mit Sprache wird für eine zusätzliche Verankerung gesorgt.

Umsetzungsalternativen:
Für eine methodische Herausforderung können die Schülerinnen und Schüler zunächst eine von der Partnerin oder dem Partner vorgegebene Emotion darstellen, bevor sie anschließend den eigenen gewählten Gemütszustand zum Ausdruck bringen. Das Gegenüber muss die gezeigten Zustände versprachlichen, sodass sich eine Art „Ich packe meinen Koffer" mit versprachlichten Gemütszuständen ergibt.

2.5 Ratschläge im Koffer

Mögliche Durchführung:
Um die Schülerinnen und Schüler dazu zu bringen, möglichst viel zu sprechen und möglichst viele von ihnen gleichzeitig zu aktivieren, bietet es sich an, diese Übung in Gruppen von vier bis sechs Personen durchzuführen. Beispiel: Die Gruppenmitglieder bilden einen Kreis. Es wird nach dem Prinzip „Ich packe meinen Koffer" gespielt: Schülerin A gibt einen Ratschlag, den der folgende Schüler B wieder aufnimmt und um einen neuen Ratschlag ergänzt. Schülerin C wiederholt die Ratschläge und fügt einen dritten hinzu. Sobald ein Gruppenmitglied sich nicht mehr an einen der vorherigen Ratschläge erinnern kann, beginnt das Spiel wieder von vorn.

Diese Übung kann mit zielgerichteter Bewegung bzw. Mimik und Gestik umgesetzt werden, indem die geäußerten Ratschläge mit einer passenden

Bewegung unterstrichen werden. Darüber hinaus ist es möglich, kurze Reaktionen derer einzufordern, die einen Ratschlag bekommen haben: *Okay, you're right./D'accord. Tu as raison./De acuerdo, te hago caso.* Die sprachlichen Umsetzungsmöglichkeiten können je nach Lernstand und Lernausgangslage variiert werden. In den Beispielen steht der Konditional zusammen mit Kollokationen im Fokus, da die Schülerinnen und Schüler die Verben kontextualisieren müssen. Als einleitender Satz kann dafür ein institutionalisierter Ausdruck wie „Wenn ich du wäre, …" in der jeweiligen Sprache Verwendung finden.

Jan: If I were you Paul, I would learn more.

Paul: If I were you Chiara, I would learn more and I would go out next weekend.

Chiara: If I were you Lia, I would learn more, I would go out next weekend and I would watch less TV today.

Lia: ...

Fabian: À ta place Paolo, je ferais plus de sport.

Paolo: À ta place Ceylan, je ferais plus de sport et j'utiliserais moins le portable.

Ceylan: À ta place Jonah, je ferais plus de sport, j'utiliserais moins le portable et je resterais à la maison ce soir.

Jonah: …

Rocío: Yo que tú Laura, hablaría más español en clase.

Laura: Yo que tú Anna, hablaría más español en clase e iría al cine con tu amiga.

Anna: Yo que tú Daniel, hablaría más español en clase, iría al cine con tu amiga y prepararía una paella para tu curso de español.

Daniel: ...

Didaktisch-methodische Überlegungen:
Zum Zeitpunkt der Übung sollte der Konditional bereits eingeführt worden sein, damit er mit der Aufgabe gefestigt werden kann, bevor der Transfer mit Blick auf eine situative Aufgabe zum Tragen kommt.

Ratschläge zu geben ist ein wichtiges Kommunikationsinstrument und sollte daher im Unterricht immer wieder geübt werden. Der damit in Verbindung stehende Konditional ist im Deutschen ein unbekannter Modus, der Konjunktiv II ist diesem aber ähnlich, im Englischen auch hinsichtlich seiner formalen Gestalt. Die beiden romanischen Sprachen weisen jedoch kein Hilfsverb bei der Bildung des Konditionals auf, sodass sich hier ein häufiges Lernhemmnis feststellen lässt. Aus diesem Grund können einzelne Verben exemplarisch am Activeboard oder an der Tafel als Orientierungshilfe abgebildet werden, damit die Schülerinnen und Schüler korrekte Formen bilden und kollokativ versprachlichen können.

Umsetzungsalternativen:
Eine sprachliche Differenzierung lässt sich integrieren, indem Infinitivkonstruktionen Verwendung finden: *It is important to learn more./Il est important d'apprendre plus./Es importante aprender más.* Als zusätzliche Herausforderung kann in den romanischen Sprachen der Subjunktiv einbezogen werden: *Il est important que tu aprennes plus./Es importante que aprendas más.* Derlei Variation bietet sich jedoch überwiegend erst in der Sekundarstufe II an, wenn das Sprachbewusstsein schon ausgeprägter ist. Inhaltlich kann reduziert werden, indem ein Thema vorgegeben wird, zu dem Ratschläge gefunden werden müssen.

2.6 Habe ich richtig verstanden, dass …?

Mögliche Durchführung:
Die Schülerinnen und Schüler bilden Paare. Beispiel: Die Lehrkraft gibt ein Thema vor, wie z. B. „das letzte Wochenende". Schülerin A äußert sich kurz über das letzte Wochenende, berichtet u. a. von Aktivitäten, die sie unternommen hat. Schüler B hört aufmerksam zu und fragt, ob er Aspekt xy richtig verstanden habe. Schülerin A beantwortet seine Frage. Anschließend beginnt Schüler B das Gespräch und erzählt von seinem Wochenende. Nach einer kurzen Phase zu zweit kann die Übung auf das gesamte Plenum ausgeweitet werden.

A: Well, last weekend I spent a lot of time with my parents. We watched TV, we went so see my grandparents. On Sunday, I had to learn for school because of the Spanish exam.

B: Did I understand aright that you spent a lot of time with your parents last weekend?

A: Yes, you're absolutely right.

A: Alors, le weekend dernier j'ai rendu visite à une copine à Berlin. C'était génial là-bas. On est sorties et on a vu beaucoup de trucs.

B: Est-ce que j'ai bien compris que tu as rendu visite à une copine à Berlin et que vous êtes sorties ensemble.

A: Oui, en effet.

A: Pues, el fin de semana pasado descansé en casa y por la noche quedé con algunos amigos en el centro de la ciudad. El domingo tuvimos un partido de fútbol que ganamos.

B: ¿He comprendido bien que tuviste un partido de fútbol el fin de semana pasado?

A: Sí, así es.

Didaktisch-methodische Überlegungen:
Rückversicherung bzw. Spiegeln ist innerhalb einer Kommunikation sehr wichtig, denn niemand ist während eines Gesprächs, unabhängig von der Sprache, immer gleich aufmerksam. Durch solche kommunikativen Einheiten ist es möglich, sich zu vergewissern, ob alles richtig verstanden wurde. Aspekte, bei denen man eventuell nicht zugehört hat, abgelenkt war oder ein Inhalt, der einen besonders neugierig gemacht hat, können vertieft werden. Gleichzeitig fungieren diese Spracheinheiten auch als Signal, dass man zuhört, und ermutigen das Gegenüber, weiter zu erzählen. Auf sprachlicher Ebene können Konstruktionen, wie z. B. *Est-ce que j'ai bien compris que* … von den Schülerinnen und Schülern, ohne sie konkret im Hinblick auf die Fragekonstruktion mit *est-ce que* oder das *passé composé* zu analysieren, frühzeitig eingesetzt werden.

Umsetzungsalternativen:
Es ist sinnvoll, dass die Nachfrage bzw. das Spiegeln besonders betont wird, Übertreibungen sind hierbei erwünscht, um die sprachlichen Elemente besonders nachhaltig abzuspeichern. Eine Differenzierung kann erfolgen, indem die zuhörende Person mehrere Aspekte spiegelt.

2.7 Interaktive Hervorhebungen

Mögliche Durchführung:
Alle Schülerinnen und Schüler stehen auf. Beispiel: Schüler A beginnt mit einer Konstruktion zum Ausdruck von Emphase in der jeweiligen Sprache und richtet sich damit an Schüler B. Nach seiner Äußerung setzt sich Schüler A.

Es kann stets der gleiche Inhalt geäußert werden. Für eine stärkere Herausforderung können variierende Inhalte herangezogen werden. Es sollten grundsätzlich ausschließlich positive Aspekte angesprochen werden, da das Verteilen von Komplimenten zu einer positiven Lernatmosphäre führt.

Handelt es sich um eine sehr große Lerngruppe, sollte die Klasse aufgeteilt werden kann.

Michael: It is Julia who is so kind. (Michael setzt sich.)

Julia: It is Leonie who is so kind. (Julia setzt sich.)

Leonie: It is Tom who is so kind. (Leonie setzt sich.)

Moritz: C'est Jennifer qui est toujours sympa avec moi. (Moritz setzt sich.)

Jennifer: C'est Carina qui porte un t-shirt chic. (Jennifer setzt sich.)

Carina: C'est Leon qui me plaît. (Carina setzt sich.)

Louisa: Es Linus quien es supersimpático. (Louisa setzt sich.)

Linus: Es Julien quien jugó al fútbol. (Linus setzt sich.)

Julien: Es Sophia quien va a tener cumpleaños el próximo finde. (Julien setzt sich.)

Didaktisch-methodische Überlegungen:
Durch diese Übung wird auf eine Möglichkeit der Hervorhebung in den jeweiligen Sprachen fokussiert, die ein frequentes Mittel insbesondere in der mündlichen Kommunikation ausmacht. Während im Englischen *It is + person + who + verb* als Spracheinheit trainiert wird, ist es die im Französischen sehr häufig in der Kommunikation vorkommende *mise-en-relief*-Konstruktion *C'est + personne + qui + verbe* sowie im Spanischen die Formel *Es + persona + quien + verbo,* die gefestigt wird.

Diese Übung kann zudem mit zielgerichteter Bewegung verbunden werden, indem der Satz mit einem Symbol oder Handzeichen zusätzlich unterstrichen wird: *It is Sarah who I like* (dazu wird mit den Händen ein Herzsymbol geformt). Außerdem können kurze Reaktionen von den angesprochenen Mitschülerinnen und Mitschülern eingefordert werden: *You're so kind./C'est très gentil à toi./Muchas gracias por el cumplido.*

Da Emphase durch Relativsätze zum Ausdruck gebracht werden kann, ergibt sich diesbezüglich ein weiterer Konsolidierungseffekt. Zudem können sprachliche Variationen integriert werden: im Englischen mit *that*, im Französischen in einem anderen syntaktischen Kontext das Relativpronomen *que (C'est Kim que j'adore)*, im Spanischen *que* oder auch *quienes* in Bezug auf mehrere Mitschülerinnen und Mitschüler *(Son Luca y Linus quienes van al gimnasio).*

Umsetzungsalternativen:

Um gerade im Anfängerunterricht noch mehr Bewegung zu integrieren, können sich die Lernenden zu der anderen Person bewegen, die sie mit ihrem Satz ansprechen, und nach ihrer wertschätzenden Äußerung z. B. das Symbol eines Herzens mit den Händen imitieren.

2.8 Eine sehende Klasse

Mögliche Durchführung:

Diese insbesondere für den Anfängerunterricht konzipierte Übung zielt darauf ab, alle Schülerinnen und Schüler zu aktivieren und dabei mit Blick auf den Sprachumsatz Verben und Pronomen zu verwenden. Die gesamte Klasse steht. Beispiel: Die Lehrkraft fordert Schülerin A auf zu beginnen. Diese sieht daraufhin Schülerin B an, schaut dann wieder nach vorn und äußert, wen sie sieht. Anschließend wiederholen alle Schülerinnen und Schüler die Äußerung im Chor, mit Ausnahme der gesehenen Person, verkürzen sie jedoch mit einem Objektpronomen. Danach ist Schülerin B an der Reihe. Diese kurzen repetitorischen Sprechakte sorgen für eine aufgelockerte Unterrichtsatmosphäre, es wird gelacht und dabei Sprache umgewälzt.

Die Übung kann mit zielgerichteter Bewegung unterstützt werden, indem z.B. die sprechende Schülerin A nicht nur Blickkontakt mit der Mitschülerin B aufnimmt, sondern zusätzlich Zeigefinger und Mittelfinger vor die eigenen Augen legt und anschließend damit in Richtung der Mitschülerin zeigt.

Anton: I see Malik.
Klasse: We see him.
Malik: I see Lia.
Klasse: We see her.

Robin: Je vois Timo.
Klasse: On le voit.
Timo: Je vois Tanin.
Klasse: On la voit.

Vanessa: Veo a Tika.
Klasse: La vemos.
Tika: Veo a Julius.
Klasse: Lo vemos.

Didaktisch-methodische Überlegungen:

Grundsätzlich sollte die Pronominalflexion der Objektpronomina zu diesem Zeitpunkt bekannt sein. Sie unterscheidet sich in den drei herangezogenen Sprachen nur in der 3. Person. Um sprachökonomisch zu agieren, haben Objektpronomina eine hohe Relevanz. Deshalb zielt diese Übung darauf ab, ein Bewusstsein für die Verwendung der Objektpronomina zu schaffen, indem die ganze Klasse einbezogen wird. Der Unterschied im Bereich der grammatischen Kategorie Person stellt für die meisten Schülerinnen und Schüler aufgrund der Konvergenzen zum Deutschen kein Problem dar. Bei anderen Herkunftssprachen verhält es sich jedoch anders. Angesichts der obligatorischen präverbalen Pronominalposition ist die Satzstellung im Französischen und Spanischen eine andere als im Deutschen, was für die Schülerinnen und Schüler eine Herausforderung bedeutet. Mit dieser Aufgabe soll daher auch der automatische Gebrauch der veränderten Pronominalstellung geübt werden.

Umsetzungsalternativen:
Die Übung kann für höhere Jahrgänge komplexer gestaltet werden, indem nicht nur ein Hauptsatzgefüge, sondern ein Nebensatzgefüge durch einen Relativsatz angeschlossen wird. Damit wären Äußerungen möglich, wie z. B.: „I see Malik who is very kind."

2.9 Zu Befehl!

Mögliche Durchführung:
Die Verwendung des Imperativs wird als bekannt vorausgesetzt. Im Sinne des *total-physical-response*-Ansatzes fordern sich die Schülerinnen und Schüler gegenseitig auf, bestimmte Aktionen direkt auszuführen. Es bietet sich an, die Übung zunächst geschützt in Partnerarbeit durchzuführen, bevor sie auf das Plenum ausgeweitet wird. Beispiel: Schüler A fordert Schüler B zu einer Handlung auf, die dieser durchführt. Anschließend wird gewechselt.

Auch wenn bereits eingeführt, bieten sich zumindest für die romanischen Sprachen visualisierte Hilfestellungen an, die exemplarisch die Bildungsregularität des Imperativs aufzeigen. Um Mehrworteinheiten mit dem Imperativ zu verbinden, ist es sinnvoll, dass die Imperative stets kontextualisiert gebraucht werden und nicht nur mit einem isolierten Verb.

A: Switch the light off!
B bewegt sich zum Lichtschalter und schaltet das Licht aus.
B: Write your name on the board!
A geht zur Tafel und schreibt dort seinen Namen an.

A: Passe-moi ton livre.
B reicht A sein Buch.
B: Ouvre la fenêtre.
A öffnet das Fenster.

A: ¡Dime tu nombre!
B: Me llamo …
B: ¡Dame tu dinero!
A gibt B sein Geld.

Didaktisch-methodische Überlegungen:
Befehle und Aufforderungen sind für die alltägliche Kommunikation von grundlegender Bedeutung. Durch den Imperativ können Aufforderungen ausgedrückt werden, wobei die Verbindung des Verbs zu weiteren Objekten zu einer nachhaltigen Verankerung des Ausdrucks im mentalen Lexikon beiträgt. Da diese Übung zum Imperativ gemäß der ganzheitlichen Sprachlehrmethode *total physical response* durchgeführt wird, lässt sich eine weitere Festigung vornehmen, denn Sprache und Bewegung werden so unmittelbar authentisch und zielgerichtet miteinander verknüpft. Aus diesem Grund bietet es sich an, vor situativen Aufgaben mit dem Imperativ

diesen durch mehrkanalige Übungsformate nachhaltig zu konsolidieren (z. B. ein Kochrezept schreiben). Des Weiteren trägt das Übungsformat zu einer aufgelockerten und entspannten Lernatmosphäre dabei, denn insbesondere in den unteren Jahrgangsstufen ist der Bewegungsdrang hoch. Dieses Potenzial sollte unterrichtlich genutzt werden.

Alternativ kann auch – wenn die Aufforderung dies noch nicht beinhaltet – eine verbale Reaktion eingefordert werden. *A: Switch the light off! B: Okay, I'll do what you say/want.*

2.10 Eine respektvolle Welt

Mögliche Durchführung:
In höheren Jahrgangsstufen ist es sinnvoll, die Schülerinnen und Schüler für verschiedene Register zu sensibilisieren. Deshalb können Übungsformate zum Einsatz kommen, die höfliche Bitten bzw. Aufforderungen beinhalten, die mit dem Nachnamen und der entsprechenden Höflichkeitsform formuliert werden sollen. Es bietet sich an, die Übung zunächst geschützt in Partnerarbeit durchzuführen: Die Schülerinnen und Schüler bitten oder fordern sich gegenseitig auf etwas zu tun. Anschließend erfolgt die Ausweitung auf das Plenum. Hier sollte der ganzheitliche Ansatz des *total physical response* Berücksichtigung finden – auch bei älteren Lerngruppen. Hilfestellungen in Form von Beispielen sind vor allem im Bereich der romanischen Sprachen sinnvoll.

A: Mr. Hader, could you leave the classroom please?
Er verlässt den Klassenraum.

B: Ms. Gärtner, sing a song for me, please!
Sie singt ein Lied für ihn.

A: M. Kavici, est-ce que vous pourriez sortir votre portable, s'il vous plaît?
Er holt sein Handy raus.

B: Mme Limsa, parlez une autre langue, s'il vous plaît.
Sie spricht eine andere Sprache.

A: Sra Hain, ¿usted puede cerrar la ventana, por favor?
Sie schließt das Fenster.

B: Sra Küster, no vea la tele hoy, por favor.
A: Sí, vale.

Didaktisch-methodische Überlegungen:
Bitten und Aufforderungen sind für unsere Kommunikation von hoher Relevanz. Es gibt mehrere Möglichkeiten, diese zum Ausdruck zu bringen: Es kann der Imperativ Verwendung finden oder es können Modalverben herangezogen werden; letztere schwächen dabei die Aussage ab und lassen sie höflicher erscheinen. Im Verbalbereich lassen sich weitere Abstufungen vornehmen. Eine Verwendung der Modalverben kann die Aussage durch den Konditional noch distanzierter, zugleich jedoch höflicher erscheinen lassen. Während im Französischen die höfliche Distanz in der Anrede durch die 2. Person Plural ausgedrückt wird, greift das Spanische auf den

Subjunktiv der 3. Person zurück. Beim verneinten Imperativ kommt dieser ebenfalls im Spanischen zum Tragen. Die Schülerinnen und Schüler sollen durch solche mehrkanaligen Übungen für das höfliche Register sensibilisiert werden, das in einer authentischen Kommunikation nicht nur zur Wahrung der Distanz und Höflichkeit außerordentlich wichtig ist, sondern auch einen respektvollen Umgang mit der Gesprächspartnerin oder dem Gesprächspartner kennzeichnet. Dies lässt sich mit dem ganzheitlichen Ansatz des *total physical response* sinnvoll umsetzen. Sprache und Bewegung werden unmittelbar verknüpft und die Bitten sowie Aufforderungen sprachlich kontextualisiert angewandt.

Alternativ können auch im Rahmen dieser Übung verbale Reaktionen von den Partnerinnen und Partnern eingefordert und integriert werden.

2.11 Berühren und Sprechen

Mögliche Durchführung:
Dieses ganzheitliche Arrangement zielt darauf ab, Ratschläge zu erteilen. Die Schülerinnen und Schüler sollen dafür auf eine Bandbreite an sprachlichen Möglichkeiten zurückgreifen können. Zur inhaltlichen Einbettung können z. B. der Figur aus einem bekannten Text Ratschläge erteilt werden. Die Übung erfolgt zunächst in Partnerarbeit. Beispiel: Schüler A übernimmt die Rolle einer Figur aus einer aktuellen Klassenlektüre, während Schülerin B ihm Ratschläge erteilt. Anschließend werden die Rollen getauscht.

Das Setting lässt sich natürlich auch auf das Plenum übertragen. Möglichkeiten zur sprachlichen Umsetzung in der jeweiligen Sprache (Imperativ, Konditional, Subjunktiv, Infinitivkonstruktion) können exemplarisch zur Differenzierung visualisiert werden. Wie bei einem gut gemeinten Ratschlag, sollte der Rat gebende Schüler aus dem Beispiel seiner Partnerin freundschaftlich auf die Schulter fassen. Eine Reaktion auf den Rat sollte ebenfalls eingefordert werden.

A: If I were you, I would talk to my parents.
B: Yes, that's a good idea.

B: In your position, I would tell them the truth.
A: I am not sure about it.

A: Alors, parle à tes parents.
B: Tu as raison, je t'écoute.

B: À ta place, je ne téléphonerais pas à mon ami.
A: Je ne sais pas, laisse-moi réfléchir.

A: Propongo que te quedes en casa para reflexionar.
B: ¡No quiero!

B: Bueno, es importante contarle todo.
A: No sé si te hago caso.

Didaktisch-methodische Überlegungen:
Grundsätzlich ist das Geben von Ratschlägen ein wichtiger Teilbereich von Kommunikation. Menschen befinden sich häufig in der Situation, Ratschläge zu geben. Die in Teilen zielgerichtete Bewegung durch die Berührung der Schulter stellt dabei einen typischen zusätzlichen Kommunikationsakt dar. Wichtig ist zudem, die Schülerinnen und Schüler darin zu ermutigen, die Rolle der beratenen Person einzunehmen, um ein Einfühlen in die Situation zu bewirken. Sprachlich bieten sich für die hier fokussierten Sprachen zahlreiche Möglichkeiten an, um Ratschläge auszudrücken. Eine Erweiterung des Sprechakts kann zudem durch eine finale Konjunktion beim Ratschlag erreicht werden, indem *to/pour/para* + Infinitiv eingefordert wird, um das Ziel des Ratschlags darzulegen. Die Schülerinnen und Schüler können beim Sprechakt selbst entscheiden, inwiefern sie sich sprachlich herausfordern möchten, um Ratschläge zu realisieren.

Umsetzungsalternativen:
Über eine logische thematische Anknüpfung an einen Text hinaus, können der Person ebenso Ratschläge gegeben werden, die den thematischen Kontext sprengen. Dies kann in einem ersten Schritt als Infinitiv erfolgen, um anschließend Mini-Dialogsituationen mit komplexeren Satzgefügen zu verwenden.

Eine weitere Alternative: Um nach einer dezentralen Phase im anschließenden Plenum eine möglichst hohe Schüleraktivierung zu erreichen, setzt sich eine Person auf einen Stuhl vor die Klasse und die Mitschülerinnen und Mitschüler stehen einzeln auf, geben einen Rat und setzen sich anschließend wieder.

2.12 Wie wäre es, wenn …?

Mögliche Durchführung:
Die Schülerinnen und Schüler bilden zunächst Paare, um sich gegenseitig Vorschläge zu einem festen Themenbereich (z. B. Ferien, Berufswahl) zu machen. Die Partnerin oder der Partner reagiert darauf zustimmend oder ablehnend, bevor sie oder er einen weiteren Vorschlag unterbreitet. Am Ende sollen sich die Paare auf einen Vorschlag einigen.

Die lexiko-grammatischen Konstruktionen können während der Partnerarbeit zur Differenzierung visualisiert werden, in der anschließenden Plenumsphase, sollten diese jedoch reduziert oder ausgeblendet werden.

A: Well, what say we (+ verb) / what about (+ gerund) next weekend?

B: It's a terrific idea!/Well, I am not totally convinced./That's not really my thing.

B: So I propose that we (+ verb) next weekend./I rather suggest that we (+ verb).

A: Well, it's a great idea!/Well, I am not totally convinced./That's not really my thing (neither).

A/B: So what to do? Finally, I think we (+ verb) …

A: Alors, qu'est-ce que tu dis si on (+ verbe) le weekend prochain?

B: C'est chouette!/Alors, je ne suis pas complètement d'accord./C'est pas trop mon truc.

B: Bon, je propose de/d' (+ infinitif) le weekend prochain./Alors, je dirais plutôt qu'on (+ verbe) …

A: Bon, c'est chouette!/Alors, je ne suis pas complètement d'accord non plus./C'est pas trop mon truc non plus.

A/B: Enfin, je pense qu'on (+ verbe) …

A: Pues, ¿qué te parece (+ infinitivo)/qué tal si tú y yo (+ verbo) el próximo finde?

B: ¡Genial!/Pues, no estoy completamente de acuerdo./No es lo mío.

B: Entonces propongo (+ infinitivo)./Pues, prefiero más bien (+ infinitivo) ...

A: ¡Genial!/Pues, tampoco estoy completamente de acuerdo./Tampoco es lo mío.

A/B: Entonces, pienso que tú y yo (+ verbo) ...

Didaktisch-methodische Überlegungen:
Vorschläge zu machen, diese auszuhandeln und sich zu einigen, ist für jede Alltagskommunikation von elementarer Bedeutung. Das diskursive Aushandeln von Kompromissen, sich zu einigen und adäquat auf die Gesprächspartnerin bzw. den Gesprächspartner zu reagieren stellen wichtige Bausteine interkultureller Handlungsfähigkeit dar. Angesichts möglicher Schüleraustausche, in denen sich die Lernenden durchgehend mit Vorschlägen und dem Aushandeln von Alternativen konfrontiert sehen, ist die Relevanz besonders hoch, derlei Übungen in das Unterrichtsgeschehen zu integrieren. Die sprech-kommunikativen Implikationen – Vorschläge machen, reagieren, bejahen oder ablehnen – sind in realen Gesprächssituationen omnipräsent.

Auf sprachlich struktureller Ebene bieten alle drei Fremdsprachen zahlreiche Möglichkeiten, um Vorschläge, Bestätigungen oder Ablehnungen zum Ausdruck zu bringen. Es sollten vor allem solche Konstruktionen Berücksichtigung finden, die besonders häufig in der gesprochenen Sprache vorkommen, um die Schülerinnen und Schüler gezielt auf solche Gesprächssituationen einzustimmen. Unterschiedlich abgestufte Reaktionsfloskeln ermöglichen je nach Vorschlag ein flexibles Reagieren auf diesen.

Umsetzungsalternativen:
Bei dieser Übung sollte auf sehr viel Emphase Wert gelegt werden – sowohl beim Äußern der Vorschläge als auch beim Reagieren darauf. Die sprachlichen Gerüste stellen nur eine Orientierung dar. Je nach Lernausgangslage können weitere Elemente herangezogen oder ausgetauscht werden. Des Weiteren kann der Modelldialog so strukturiert werden, dass die geäußerten Vorschläge zunächst abgelehnt werden müssen, um neue Ideen für Aktivitäten einzubringen.

2.13 Schmerzhafte Kollokationen

Mögliche Durchführung:
Die Schülerinnen und Schüler bilden Paare. Beispiel: Schülerin A simuliert einen Schmerz und greift dabei auf eines der unten stehenden Satzgefüge zurück, indem sie eine Auswahl trifft, was ihr wehtut. Dabei sollte sie das Gesagte auch pantomimisch darstellen, indem sie den schmerzenden Bereich (z. B. Kopf oder Hals) anfasst. Die Verknüpfung des Gesagten mit einer zielgerichteten Bewegung soll die nachhaltige Abspeicherung unterstützen. Je nachdem welcher Schmerz auftritt, wählt Schüler B dann die passende Reaktion aus den sprachlichen Mitteln aus bzw. die geeignete Versorgung, um Schülerin A zu helfen. Diese reagiert wiederum passend auf seinen Hinweis. Anschließend tauschen die beiden ihre Rollen, wodurch nach drei bis vier Durchgängen kleine rekonstruktive Mini-Dialogsequenzen entstehen.

Zu Beginn der Stunde bietet es sich an, im Einstieg erst einmal die Vokabeln der Körperteile zu reaktivieren. Am besten mithilfe einer menschlichen Silhouette. Die Lernenden kommen abwechselnd nach vorn, um die Körperteile zu beschriften.

Sollte der Wortschatz für die Körperteile vollkommen neu sein, können die Begriffe in ungeordneter Reihenfolge gezeigt werden, und von den Schülerinnen und Schülern der Zeichnung zugeordnet werden. Das heißt, vor dem Unterricht muss sich die Lehrkraft Klarheit darüber verschaffen, was die Lernenden aufgrund ihrer Vorkenntnisse (z. B. aus anderen Sprachen oder intralingual) lösen können.

A: Ouch … I have stomachache/headache/backache/earache/toothache …

B: Oh, so I suggest that you go to the pharmacy/to a doctor/to a physical therapist/wear .../go home/to the dentist ...
... and get some pills/painkillers/some sleep/a prescription for a massage.

A: Sounds good./Good idea./Sure you're right.

A: Aïe … j'ai mal à la tête/à la gorge/au dos/aux oreilles/à l'estomac/de dents.

B: Oh là là! Alors, va à la pharmacie/chez le médecin/chez le pysiothérapeute/ à la maison ...
... et va acheter des pilules/des analgésiques/va dormir/va te faire prescrire un massage.

A: Ç'a l'air bien./C'est une bonne idée./T'as raison.

A: ¡Ay! Me duele/-n la cabeza/la garganta/los oídos/las muelas/el estómago/ la espalda.

B: ¡Madre mía! Pues vete a la farmacia/al médico/al fisioterapeuta/a casa ... ... y ve a comprar pastillas/ve a comprar analgésicos/dormir/hacerte prescribir un masaje.

A: Suena bien./Es una buena idea./Tienes razón.

Didaktisch-methodische Überlegungen:
Auszudrücken, dass es einem nicht gut geht und/oder dass man Schmerzen hat, ist ein zentraler Aspekt, um über das eigene Wohlbefinden zu sprechen. Wenn die Schülerinnen und Schüler in einem zielsprachigen Land sind, lassen sich solche Situation nicht vermeiden. Daher ist es unerlässlich, sie auch auf sprachlicher Ebene darauf vorzubereiten und zu einer automatisierten Verwendung von Spracheinheiten anzuregen, die in einer authentischen Kommunikationssituation Anwendung finden können. Durch die Einsicht in die Regularitäten der kommunikativen Spracheinheiten können die Lernenden auch problemlos neuere Äußerungen tätigen, die den gleichen Zweck erfüllen. Die vorstrukturierten Elemente, die im Sinne eines rekonstruktiven Sprechaktes Verwendung finden, lassen sich je nach Jahrgang und Lernstand erweitern oder reduzieren.

Umsetzungsalternativen:
Es besteht die Möglichkeit, die Paare nach einer geschützten Phase ins Plenum zu holen und ihren Mini-Dialog vorstellen zu lassen. Alternativ kann sich eine Schülerin oder ein Schüler vor die Klasse auf den „heißen Stuhl" setzen und einen Schmerz simulieren. Anschließend ruft sie oder er ein Mitglied der Klasse auf, um einen Ratschlag/Hinweis zu erhalten. Eine weitere Möglichkeit besteht darin, dass sich die Schülerinnen und Schüler zunächst in einer Murmelphase rückversichern, was die Person gegen ihre Schmerzen tun kann, um die Redebeiträge im Plenum zu erhöhen.

Da die Schülerinnen und Schüler im Vorfeld Zeit im Schutzraum hatten, ist es sinnvoll, die Hilfestellungen im Plenum zu reduzieren. In welchem Maß, hängt von der Lernausgangslage ab.

2.14 Improvisationstheater

Mögliche Durchführung:
Bei diesem Übungsformat verwandelt die Lehrkraft ihren Klassenraum ohne Aufwand in ein kleines Theater. Die Schülerinnen und Schüler bilden Vierergruppen. Zwei Gruppenmitglieder führen einen Dialog im Schutzraum der Gruppe zu einem Thema der aktuellen Einheit. Die anderen zwei Gruppenmitglieder bestimmen den Inhalt des Dialogs, indem sie abwechselnd Wörter in den laufenden Dialog hineinrufen, die von den sich unterhaltenden Teammitgliedern in den nächsten Satz integriert werden müssen. Um ein bloßes Aneinanderreihen einzelner Aspekte zu vermeiden, müssen die sich unterhaltenden Schülerinnen und Schüler aufeinander reagieren, bevor sie das neue Wort in einen nächsten Kontext einbauen. Für die Reaktionsfloskeln sollten sprachliche Mittel angeboten werden. Auf ein Signal der Lehrkraft können die Paare die Rollen tauschen.

Thema: California

C (zusehend): Los Angeles!
A: Last weekend we went to Los Angeles.
D (zusehend): Go to the beach!
B: Are you serious? Did you go to the beach there?
C/D (zusehend): Shark!
A: Of course! We even saw a shark in the sea.

Mögliche Reaktionsfloskeln:
Sounds good./Are you serious?/Are you kidding?

Thema: ma chambre

C (zusehend): Une table!
A: Dans ma chambre il y a une table.
D (zusehend): Mon frère!
B: Ah bon? Mon frère a aussi une table.
C/D (zusehend): Chatter!
A: Ah, c'est intéressant. Moi, je chatte avec des amis dans ma chambre.

Mögliche Reaktionsfloskeln:
Ah bon?/Ah oui?/C'est magnifique.

 Thema: la vida escolar

C (zusehend): Inglés!
A: Inglés me gusta mucho.
D (zusehend): El recreo!
B: ¿En serio? A mí me gusta mucho el recreo.
C/D: Mi professor.
A: A mí también, pero mi profe no me gusta.

Mögliche Reaktionsfloskeln:
A: Suena bien./Vale./¿En serio?

Didaktisch-methodische Überlegungen:
Das spontane dialogische Sprechen stellt für die Schülerinnen und Schüler eine hohe Herausforderung dar, der durch spielerische oder theatralische Elemente begegnet werden kann, die das Darstellungspotenzial der Lernenden nutzen und dabei interaktives Sprechen mit Humor verbinden. Durch die Verwendung der Reaktionsfloskeln schleifen sich alltagstypische Ausdrücke ein, die von den Lernenden in verschiedenen Situationen angewendet werden können. Darüber hinaus wird Wortschatz reaktiviert und die Schülerinnen und Schüler müssen diesen in einer kurzen Zeitspanne aktiv in ihren Dialog einbauen.

Umsetzungsalternativen:
Alternativ kann ein Paar einen Dialog führen und dabei durch den Klassenraum gehen, während die Mitschülerinnen und Mitschüler dem Duo immer wieder ein neues Wort ins Ohr flüstern oder einen kleinen Zettel mit Wörtern in die Hand geben, die das Paar in seinen Dialog einbauen muss.

Dieses Szenario bietet sich auch als Ritual zu Beginn einer Stunde an.

2.15 Voice-help-collocation

Mögliche Durchführung:
Beispiel: Schüler A und Schülerin B spielen gegeneinander. Nur Schülerin B hat das unten stehende Material zur Verfügung. Sie fragt nach der Übersetzung einer deutschen Kollokation, wie z. B. „Fahrrad fahren". Kann Schüler A diese Kollokation in der jeweiligen Fremdsprache benennen, kann er sie direkt sagen und bekommt zwei Punkte. Weiß er sie nicht, kann er Hilfe verlangen (dritte Spalte), die sich auf andere Sprachen, Bilder, Wortfamilien und weitere Assoziationen bezieht. Löst er die Aufgabe mit Hilfe, bekommt er jedoch nur einen Punkt. Anschließend werden die Rollen getauscht. Wer zuerst eine vorher festgelegte Punktzahl erreicht hat, gewinnt. Natürlich müssen Schüler A und Schülerin B unterschiedliche Kollokationen erhalten.

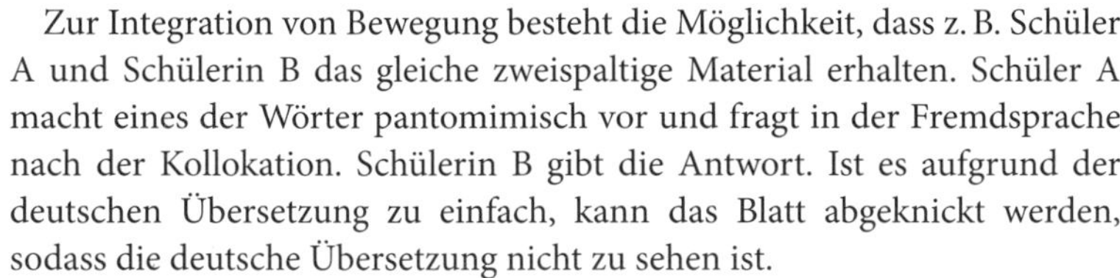

Zur Integration von Bewegung besteht die Möglichkeit, dass z. B. Schüler A und Schülerin B das gleiche zweispaltige Material erhalten. Schüler A macht eines der Wörter pantomimisch vor und fragt in der Fremdsprache nach der Kollokation. Schülerin B gibt die Antwort. Ist es aufgrund der deutschen Übersetzung zu einfach, kann das Blatt abgeknickt werden, sodass die deutsche Übersetzung nicht zu sehen ist.

free time	**translation**	**help**
ride a bycicle	Fahrrad fahren	bike „Fahrrad reiten" bisiklet
score a goal	ein Tor schießen	„GOOOAAAALLLLL!"
to go for a walk	spazieren gehen	„Ich gehe für einen Spaziergang."

temps libre	**traduction**	**soutien**
jouer du piano	Klavier spielen	play the piano
nager en mer	im Meer schwimmen	„nagen"
faire du cheval	reiten	„Ein Pferd machen." „Ein Chevalier und sein Pferd."

tiempo libre	traducción	ayuda
pescar en el río	im Fluss angeln	„Pescetarier"
jugar al baloncesto	Basketball spielen	el juego
escuchar un audiolibro	ein Hörbuch hören	un libro auditives Buch

Didaktisch-methodische Überlegungen:
Kollokationen sind zentral für die Kommunikation und sollten von Anfang an bewusst in den Unterricht integriert werden, sodass Wortschatzarbeit stets kontextualisiert abläuft und spielerisch in den Unterricht eingelagert werden kann. Die Hilfestellungen müssen so gewählt werden, dass sie den Schülerinnen und Schülern einen realistischen Tipp geben, um die Aufgabe durch eine Assoziation oder eine weitere Wortverwandtschaft zu lösen.

Umsetzungsalternativen:
Mit Blick auf Schülerorientierung können die Lernenden auch selbst die Materialien entwerfen, um in der dritten Spalte zu notieren, was ihnen helfen würde, sich diesen Ausdruck einzuprägen.

Schüler A: Imitiert die Bewegung eines Ausdrucks.

Schüler A: Fragt in der Fremdsprache nach dem Ausdruck.

Schülerin B: Gibt die Antwort.

Schüler A: Bejaht bzw. verneint. Nach einer Verneinung gibt er z. B. eine Hilfestellung in Form der Übersetzung.

Schülerin B: Bekommt im Fall einer richtigen Antwort einen Punkt.

Schülerin B: Imitiert die Bewegung eines Ausdrucks ...

English	German
to ride a bycicle	Fahrrad fahren
to score a goal	ein Tor schießen
to go for a walk	spazieren gehen
to go shopping	shoppen gehen
to read a book	ein Buch lesen

Schriftliche lexiko-grammatische Übungen

3

3.1 Substantiv – Verb – Kollokation

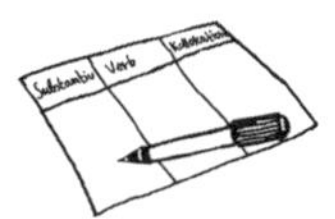

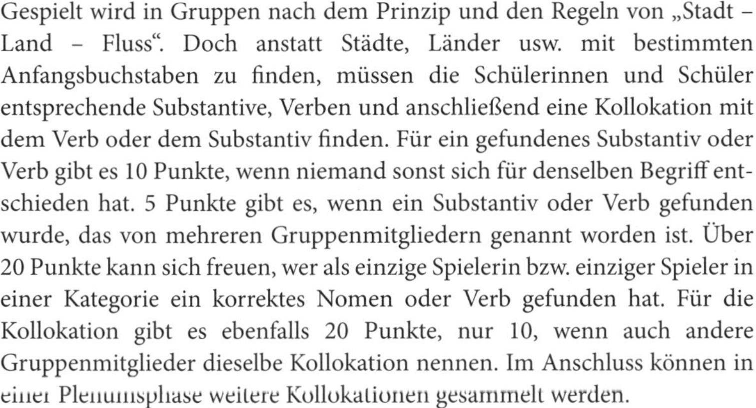

Mögliche Durchführung:
Gespielt wird in Gruppen nach dem Prinzip und den Regeln von „Stadt – Land – Fluss". Doch anstatt Städte, Länder usw. mit bestimmten Anfangsbuchstaben zu finden, müssen die Schülerinnen und Schüler entsprechende Substantive, Verben und anschließend eine Kollokation mit dem Verb oder dem Substantiv finden. Für ein gefundenes Substantiv oder Verb gibt es 10 Punkte, wenn niemand sonst sich für denselben Begriff entschieden hat. 5 Punkte gibt es, wenn ein Substantiv oder Verb gefunden wurde, das von mehreren Gruppenmitgliedern genannt worden ist. Über 20 Punkte kann sich freuen, wer als einzige Spielerin bzw. einziger Spieler in einer Kategorie ein korrektes Nomen oder Verb gefunden hat. Für die Kollokation gibt es ebenfalls 20 Punkte, nur 10, wenn auch andere Gruppenmitglieder dieselbe Kollokation nennen. Im Anschluss können in einer Plenumsphase weitere Kollokationen gesammelt werden.

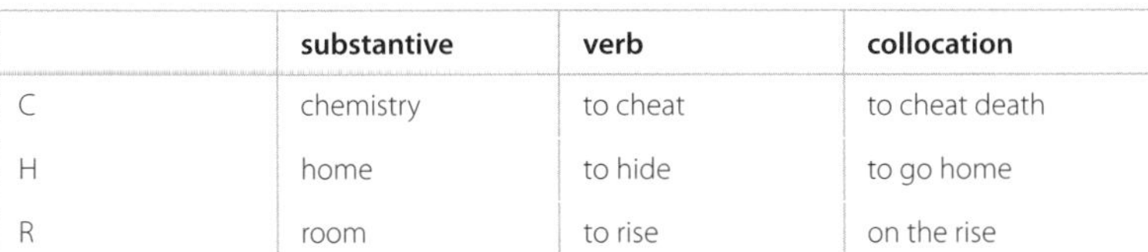

	substantive	**verb**	**collocation**
C	chemistry	to cheat	to cheat death
H	home	to hide	to go home
R	room	to rise	on the rise

	substantif	**verbe**	**collocation**
D	la drogue	droguer	prendre des drogues
M	la maison	manger	manger trop
S	la sortie	sortir	sortir un livre

	substantivo	**verbo**	**colocación**
B	el baile	bailar	la pista de baile
P	la puerta	poner	ponerse enfermo
V	el vino	ver	ver la tele

Didaktisch-methodische Überlegungen:
Mit Blick auf Worterschließungsmechanismen ist es zentral für das Textverständnis, Wortfamilien herzuleiten und die Schülerinnen und Schüler dafür zu sensibilisieren. Doch auch die produktiven Kompetenzen können von Worterschließungsstrategien in hohem Maße profitieren. Die Kategorie Kollokation zielt darauf ab, „Halbfertigprodukte" zu festigen, die den schwierigen Spagat zwischen Kognition und Automatisierung beim Sprechen meistern helfen.

Kollokationen in Verbindung sowohl mit Substantiven als auch mit Verben sind hochfrequent und sollten daher immer wieder im Unterricht bewusst gemacht werden. Im Sinne einer didaktischen Reduktion kann zudem eine Eingrenzung auf einen bestimmten Themenbereich vorgenommen werden. Als Lehrkraft gilt es in diesem Fall vorher zu klären, ob die Thematik ausgehend von der Lernausgangslage genug Möglichkeiten zur zielführenden Bewältigung des Spiels liefert.

Umsetzungsalternativen:
Das Spiel lässt sich mit Blick auf seinen Schwierigkeitsgrad differenzieren, indem zwei Kollokationen angegeben werden müssen, und zwar sowohl passend zum Verb als auch zum Nomen. Erleichtert werden kann die Aufgabe, indem die Schülerinnen und Schüler keine passgenaue Kollokation zu dem Verb oder dem Substantiv finden müssen, sondern lediglich eine, die den gewählten Anfangsbuchstaben enthält. Es ist zudem möglich, weitere Kategorien heranzuziehen, wie z. B. das Adjektiv.

3.2 Wer-was-mit wem-wo-warum?

Mögliche Durchführung:

Diese spielerische Übung legt das Hauptaugenmerk auf die Verwendung verschiedener Tempora. Die Schülerinnen und Schüler nehmen ein leeres Blatt und zeichnen darauf eine fünfspaltige Tabelle (in Anlehnung an KANNGIESSER 2006: 28). Jede Spalte wird dabei mit einer W-Frage in der entsprechenden Sprache übertitelt: Wer? Was macht sie/er? Mit wem? Wo? Warum? Beispiel: Es wird ein Kapitän benannt, der die Ansagen in der Fremdsprache macht. Auf seinen „Befehl" führen die Mitschülerinnen und Mitschüler die geforderten Tätigkeiten aus. Als erste Aufgabe gibt der Kapitän den ersten Auftrag „schreiben" in der Fremdsprache: *Write a name!/Écrivez un nom!/Escribid un nombre!* Alle Schülerinnen und Schüler schreiben einen Namen in die erste Spalte. Als Regel sollte hier gelten, dass keine Personen aus der eigenen Klasse oder der eigenen Schule genannt werden dürfen, sondern nur berühmte Personen. Der zweite Befehl lautet anschließend „falten": *Fold your sheet!/Pliez la feuille!/Doblad la hoja*! Das bedeutet, dass jetzt die erste Spalte mit dem Namen abgeknickt wird. Der dritte Befehl des Kapitäns heißt: „Weitergeben!" *Pass the sheet to your neighbor!/Passez la feuille au voisin (à la voisine)!/Pasad la hoja al vecino (a la vecina)!* Dafür sollte zuvor die Richtung festgelegt werden, sodass zum Beispiel immer nach rechts weitergegeben wird. Danach gibt es neue Aufträge. Die Befehle werden erneut erteilt, nur dieses Mal für Spalte 2. Gesucht wird ein Verb in der 3. Person. Für alle Sprachen muss also das Verb konjugiert werden. Bei den Kategorien „Wo?" und „Warum?" sollte im Vorfeld darauf geachtet werden, dass eine Präposition und in der letzten Kategorie ein kausaler Konnektor gesetzt werden. Eine beispielhafte Tabelle an der Tafel oder auf dem Activeboard kann dafür hilfreich sein.

Das Ergebnis sind lauter lustige Sätze, die auf der Basis von fünf Schülerinnen und Schülern entstanden sind. Die sechste Person öffnet am Ende das gefaltete Blatt und liest die sicherlich kurios anmutenden Sätze vor. Im Sinne einer Sprachbewusstseinsphase sollten die erstellten Sätze vor dem Vorlesen korrigiert werden. Insbesondere die Verbkonjugation stellt häufig eine Fehlerquelle dar sowie die Antwort in Spalte 5, „Warum?", da auch hier Verben zum Einsatz kommen. Auch die Possessivbegleiter und Personalpronomina sollten richtiggestellt werden, wenn die Bezüge zum Subjekt ansonsten nicht klar sind. Damit die Aufgabe kurzweilig bleibt, sollten nur die fünf lustigsten Sätze vorgelesen werden, d. h. es melden sich die Schülerinnen und Schüler, die überzeugt sind, dass ihr Satz das größte Potenzial hat, die anderen zum Lachen zu bringen. Anschließend kann über den lustigsten Satz abgestimmt werden, bevor eine neue Runde beginnt. Die Fragen lassen sich je nach Lernausgangslage modifizieren und schwieriger gestalten. Dazu finden sich im Folgenden verschiedene Varianten, die reduziert oder erweitert werden können.

a) **Fokus auf dem *present progressive* sowie *simple present***

Who?	**What is she/ he doing?**	**With whom?**	**Where?**	**Why?**
Joe Biden	is playing tennis	with his wife	in the kitchen	because he is bored.

b) **Fokus ausschließlich auf dem *simple present* durch zusätzliche Spalte** (Auswahl an Adverbien sollte vorgegeben werden, um keine falschen temporalen Referenzen zu ermöglichen)

Who?	**When?**	**What is she/he doing?**	**With whom?**	**Where?**	**Why?**
Joe Biden	often/ sometimes	does his homework	with his wife	in the kitchen	because he is bored.

c) **Fokus auf dem *simple past***

Who?	**What did she/ he do?**	**With whom?**	**Where?**	**Why?**
Justin Bieber	went to school	with my brother	in London	because he liked it.

d) **Fokus auf dem *past progressive und simple past*** (statt *why* wird jetzt *when* verwendet im Sinne von „als")

Who?	**What was she/he doing?**	**With whom?**	**Where?**	**When?**
Miley Cyrus	was singing	with her best friend	in a shopping mall	when her boyfriend arrived.

e) **Fokus auf dem *simple past* sowie auf verschiedenen kausalen Konnektoren** (Angebote zu verschiedenen Konnektoren in der letzten Spalte)

Who?	**What did she/ he do?**	**With whom?**	**Where?**	**When?**
Tom Brady	went to a park	with his mother	in a garage	because/as/ since he had nothing else to do.

f) **Fokus auf dem *present progressive* mit einem konsekutiven Konnektor** (Angebote zu verschiedenen Konnektoren in der letzten Spalte)

Who?	**What is she/he doing?**	**With whom?**	**Where?**	**Consequence?**
Harry Kane	is playing basketball	with an alien	on the toilet	that is why/ therefore he is so happy.

a) **Fokus auf dem *présent***

Qui?	**Qu'est-ce-qu'elle/il fait?**	**Avec qui?**	**Où?**	**Pourquoi?**
Kylian Mbappé	joue aux cartes	avec sa copine	dans le jardin	parce qu'il fait chaud.

b) **Fokus ausschließlich auf dem *passé composé*** (natürlich auch vierspaltig ohne Konsequenz möglich)

Qui?	**Qu'est-ce-qu'elle/il a fait?**	**Avec qui?**	**Où?**	**Consequénce? *(passé ccomposé)***
Emmanuel Macron	a surfé sur Internet	avec ses amis	à la maison	, c'est pourquoi il est arrivé en retard.

c) **Fokus auf dem *passé composé* und dem *imparfait*** (Begründung in der letzten Spalte – deshalb Verwendung des *imparfait*)

Qui?	**Qu'est-ce-qu'elle/il a fait?**	**Avec qui?**	**Où?**	**Pourquoi? *(imparfait)***
Léo	a lu un livre	avec son chien	dans sa chambre	parce qu'il était heureux.

d) **Fokus auf dem *passé composé* und dem *imparfait*** (Verlauf vs. Aktion)

Qui?	**Qu'est-ce-qu'elle/il faisait?**	**Avec qui?**	**Où?**	***Quand? (passé composé)***
Maître Gims	regardait la télé	avec ses amis	à Marseille	quand il a vu un tigre.

e) **Fokus auf dem *présent* sowie kausalen Konnektoren**

Qui?	**Qu'est-ce-qu'elle/il faisait?**	**Avec qui?**	**Où?**	**Pourquoi?**
Astérix	parle à sa mère	avec ses amis	en Allemagne	parce que/car/puisque c'est important.

a) **Fokus auf der Verlaufsform *estar + gerundio* und dem *presente***

¿Quién?	**¿Qué está haciendo?**	**¿Con quién?**	**¿Dónde?**	**¿Por qué?**
Lionel Messi	está bailando	con sus abuelos	en el supermercado	porque tiene ganas.

b) **Fokus ausschließlich auf dem *presente*** (neue Spalte mit Auswahl einer Zeitangabe, die keinen Verlauf bedingt)

¿Cuándo?	**¿Quién?**	**¿Qué hace?**	**¿Con quién?**	**¿Dónde?**	**¿Por qué?**
Siempre/ A veces	Alvaro Soler	habla español	con su mascota	en casa	porque es simpático.

c) **Fokus ausschließlich auf dem *indefinido*** (natürlich auch nur vierspaltig ohne Konsequenz möglich)

¿Quién?	**¿Qué hizo?**	**¿Con quién?**	**¿Dónde?**	**¿Consecuencia?**
Rey Felipe	visitó a sus amigos	con su novio	en un restaurante	por eso tuvo miedo.

d) **Fokus auf dem *indefinido* und dem *imperfecto*** (Begründung in der letzten Spalte, daher Verwendung des *imperfecto*)

¿Quién?	**¿Qué hizo?**	**¿Con quién?**	**¿Dónde?**	**¿Por qué?**
Jordi	chateó	con amigos	en el bosque	porque tenía frío.

e) **Fokus auf dem *imperfecto* und *indefinido***

¿Quién?	**¿Qué hacía?**	**¿Con quién?**	**¿Dónde?**	**¿Cuándo? (indefinido)**
El presidente	juqaba al pádel	con su hemano	en el hospital	cuando entró un monstruo.

f) **Fokus auf der Verlaufsform des *presente (estar + gerundio)* und kausalen Konnektoren**

¿Quién?	**¿Qué está haciendo?**	**¿Con quién?**	**¿Dónde?**	**¿Por qué?**
Frida Kahlo	está bebiendo	con sus padres	en Argentina	porque/ya que/dado que/quiere aprovechar del sol.

Didaktisch-methodische Überlegungen:
Diese Übung ist für eine Konsolidierung sprachlicher Mittel geeignet, die größtenteils inzidentell geschieht. Die Schülerinnen und Schüler werden dafür sensibilisiert, Verben zu konjugieren, was für eine erfolgreiche Kommunikation grundlegend ist. Da sehr viele Kombinationsmöglichkeiten bestehen (z. B. Verwendung futurischer Tempora), kann variantenreich wiederholt werden. Beinahe unlehrbare aspektuelle Nuancen, wie z. B. die Unterscheidung der Vergangenheitstempora, können auf Basiskomponenten reduziert werden, ohne dass sich die Lernenden mit immer noch

vielfach üblichen Lückentexten zur Unterscheidung von z. B. *passé composé* und *imparfait* abmühen müssen, die nicht zu einem prozeduralen Wissenszuwachs führen. Sie werden dafür sensibilisiert, bei Gründen in der Vergangenheit das Imperfekt zu verwenden und bei Konsequenzen das *passé composé* bzw. *indefinido*. Auch vorangegangene Aktivitäten können herangezogen werden, doch grundsätzlich ist hier zu hinterfragen, inwiefern es für die Schülerinnen und Schüler relevant ist, das Plusquamperfekt o. a. Tempora zu kennen. Erfahrungsgemäß ist es absolut hinreichend, wenn Lernende sich auf die Zukunft, Gegenwart und Vergangenheit beziehen können. Eine Nuancierung und Ausschärfung kann dann im Sekundarbereich II stattfinden.

Im Verlauf der Übung wird der Wortschatz für Aktivitäten, Orte usw. reaktiviert. Im Sinne einer didaktischen Reduktion können Orte auch eingeschränkt werden (z. B. Orte in der Schule). In diesem Zusammenhang bietet es sich an, als Lehrkraft im Vorfeld Fehlerquellen oder Hinweise anzumerken, indem z. B. in der zweiten Kategorie auf „s" bei *he* oder *she* hingewiesen wird, oder im Französischen in Spalte 4 auf die Präposition *à* bei Städten, falls solche Orte von den Schülerinnen und Schülern notiert werden. Weiterhin lassen sich Konnektoren heranziehen, die sich partiell synonym einsetzen lassen (*porque/ya que*), um Variabilität und Risikobereitschaft zu fördern. Als Nebeneffekt werden die Syntax-Regeln gefördert, da die Lernenden inzidentell die Position einzelner Syntagmen notieren. Auf methodischer Ebene nehmen sie vor dem Lesevorgang noch eine Korrektur vor. So werden sie für die Korrektur von Fehlern sensibilisiert, was sich im Idealfall auch positiv auf die eigene Sprachproduktion auswirkt.

Umsetzungsalternativen:
Für den absoluten Anfängerunterricht lässt sich die Kategorie „Warum?" in der jeweiligen Sprache tilgen, da kausale Konnektoren noch nicht dem Lernstadium entsprechen. Auch auf die Kategorie „Ort" kann zu Beginn in einer Fremdsprachenklasse verzichtet werden.

3.3 Eine indirekte Welt

Mögliche Durchführung:
Die Schülerinnen und Schüler nehmen ein leeres Blatt Papier, schreiben einen beliebigen oder einen thematischen Satz auf den Zettel, der sich auf den Inhalt der Einheit oder auf ein zu lesendes Werk bezieht. Anschließend reichen sie den Zettel mit dem Satz an eine Mitschülerin oder einen Mitschüler weiter, die oder der den Satz in die indirekte Rede mit Zeitenverschiebung umwandelt. Die Lehrkraft gibt einleitende Sätze als Beispiele am Activeboard oder an der Tafel vor, die die Zeitenverschiebung bedingen, wie z. B.: *He/She … wrote/said/mentionned/told me that … /asked if …* Nach der Umwandlung wird der Zettel erneut weitergegeben. Die dritte Person kontrolliert die korrekte Transformation und notiert anschließend den nächsten Satz in der direkten Rede. Die Runde beginnt von vorn.

Schüler A schreibt einem Satz in direkter Rede auf einen Zettel: *I will write a message to Jan.*

Schüler B transformiert den Satz: *He wrote that he would write a message to Jan.*

Schüler C prüft, ob der zuvor transformierte Satz richtig in die indirekte Rede verschoben wurde und korrigiert den Satz gegebenenfalls.

Schüler C notiert einen neuen Satz in direkter Rede: *I failed the exam yesterday.*

Schüler A transformiert den Satz: *He mentionned that he had failed the exam that day.*

Schüler B prüft, ob der zuvor transformierte Satz richtig in die indirekte Rede verschoben wurde und korrigiert den Satz gegebenenfalls.

Schülerin A schreibt einen Satz in direkter Rede auf einen Zettel: *J'aimerais bien passer le weekend avec mes copines.*

Schülerin B transformiert den Satz: *Ella a écrit qu'elle aimerait bien passer le weekend avec ses copines.*

Schülerin C prüft, ob der zuvor transformierte Satz richtig in die indirekte Rede verschoben wurde und korrigiert den Satz gegebenenfalls.

Schülerin C notiert einen neuen Satz in direkter Rede: *Je suis très contente.*

Schülerin A transformiert den Satz: *Elle a dit qu'elle était très contente.*

Schülerin B bekommt den transformierten Satz und überprüft, ob dieser richtig in die indirekte Rede verschoben wurde und korrigiert den Satz gegebenenfalls.

Schüler A schreibt einen Satz in direkter Rede und gibt ihn an seinen Mitschüler B, der den Satz umformt: *Ayer jugué a la consola hasta las doce de la noche.*

Schülerin C prüft, ob der zuvor transformierte Satz richtig in die indirekte Rede verschoben wurde und korrigiert den Satz gegebenenfalls.

Schülerin C notiert einen neuen Satz in direkter Rede und gibt ihn an Schüler A weiter: *Voy a ir al gimnasio después de volver.*

Schüler A transformiert den Satz: *Mencionó que iba a ir al gimnasio después de volver.*

Schüler A gibt diesen Satz weiter und lässt ihn durch Schüler B kontrollieren.

Schüler B schreibt einen neuen Satz in direkter Rede und gibt ihn weiter an seine Mitschülerin C, die diesen Satz transformiert: *Yo y mis padres queremos ir a un restaurante.*

Schülerin C transformiert den Satz: *Dijo que él y sus padres querían ir a un restaurante.*

Schülerin C gibt diesen Satz weiter und lässt ihn durch Schüler A kontrollieren.

Didaktisch-methodische Überlegungen:
Gespräche wiederzugeben oder über Meinungen oder Aussagen zu berichten, ist eine Notwendigkeit sowohl in der gesprochenen als auch in der geschriebenen Sprache. Dennoch sollte beim sprachlichen Mittel der indirekten Rede wie bei vielen anderen didaktische Reduktion Einzug erhalten. Vielfach wird in der gesprochenen Sprache der Zeitenwechsel nicht beachtet, wenn der einleitende Satz in der Vergangenheit steht (*He said that she is tired …*). Warum also die Schülerinnen und Schüler mit diesem komplexen Zeitwechselgefüge verunsichern bzw. überfordern? Grundsätzlich sollte daher die indirekte Rede mit Zeitenverschiebung aus dem Sekundarbereich I verschwinden und nur fortgeführte Kurse mit erhöhtem

Anforderungsniveau für den Zeitenwechsel sensibilisiert werden. Der oben beschriebene Ansatz bietet dabei eine spielerische Möglichkeit, mit „bewegtem Papier" bei den Lernenden eine Festigung dieses komplexen Phänomens anzubahnen, wobei eine gegenseitige Korrektur erfolgt, bevor ein neuer Satz in direkter Rede formuliert wird. Als Differenzierung lassen sich die Regeln der Zeitenverschiebung von der Lehrkraft projizieren.

Umsetzungsalternativen:
Im Sekundarbereich I kann die Verwendung der indirekten Rede ohne Zeitenverschiebung ebenso gefestigt werden, indem die Schülerinnen und Schüler das Verb entsprechend anpassen müssen (z.B. von der 1. zur 3. Person), jedoch ohne einen Zeitenwechsel umzusetzen. Gleiches gilt für den Wechsel der Personalpronomen und etwaige Possessivbegleiter.

Des Weiteren kann die Übung auch nach dem Stille-Post-Prinzip mündlich durchgeführt werden. Hierfür bieten sich Gruppen von fünf bis sechs Personen an. Beispiel: Ein Schüler beginnt mit einem Satz in der direkten Rede, die nächste Schülerin erzählt ihrem Sitznachbarn in der indirekten Rede, was gesagt wurde. *He told me that …*

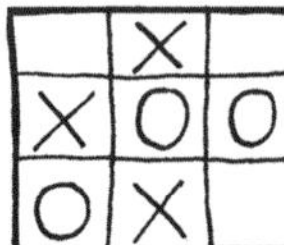

3.4 Kollokationen versenken

Mögliche Durchführung:

Für die Durchführung dieser Aufgabe ist es im Sinne des Zeitmanagements sinnvoll, dass die Lehrkraft das Material für die Stunde vorbereitet. So werden wie bei „Schiffe versenken" Kreuze für vier unterschiedlich große Schiffe gesetzt. Da viele Schülerinnen und Schüler diese Art des Spiels nicht mehr kennen, ist es sinnvoll, ein Beispiel für die Setzung der Kreuze am Activeboard bzw. an der Tafel zu illustrieren, damit während des Spiels keine Fragen aufkommen. Die Schülerinnen und Schüler setzen sich zu zweit zusammen, am besten einander gegenüber, sodass sie nicht sehen können, wo ihr Gegenüber die Kreuze setzt. Die Schiffe, die durch die Kreuze symbolisiert werden, sind unterschiedlich groß: Ein Schiff besteht aus vier Kreuzen, ein Schiff aus drei, ein Schiff aus zwei und eines aus einem Kreuz. Logischerweise ist es am schwersten das Schiff mit nur einem Kreuz auf der Spielfläche zu finden. Es gibt klare Regeln, wie die Kreuze zu setzen sind: Die vier Schiffe müssen waagerecht oder senkrecht eingezeichnet werden, nicht diagonal! Sie dürfen einander nicht berühren. Die Schülerinnen und Schüler spielen nun zu zweit gegeneinander wie bei „Schiffe versenken", nur dass sie mit den Kollokationen Sätze bilden und das Verb entsprechend der Person angleichen müssen. Wer zuerst die Schiffe des anderen gefunden und versenkt hat, gewinnt. Erzielt eine Spielerin oder ein Spieler einen Treffer, ist sie oder er noch einmal dran.

Sea battle (subject: at school)

	be good at maths.	have difficulties in concentrating.	go to school.	participate in a student exchange.	learn foreign languages.	give private lessons.	attend a local high school.
I							
You							
Dylon/ Nicole							
Me and Paul							
You and Emma							
Elijah and Olivia							

Zeichnet vier Schiffe ein: jeweils 1, 2, 3 oder 4 Kästchen, waagerecht oder senkrecht, nicht diagonal. Die Schiffe dürfen einander nicht berühren. Spielt zu zweit wie bei „Schiffe versenken", aber um die Kästchen zu treffen, bildet ihr Sätze, wie z. B.:
Schüler A: *Me and Paul have difficulties in concentrating.*
Schülerin B: Sie schaut, ob sie in dieser Spalte ein Kreuz gesetzt hat und antwortet auf Englisch: *Hit!* (getroffen). *Missed!* (daneben). *Sinked!* (versenkt).

Bataille navale *(sujet: loisirs)*

	jouer au basket.	aimer le foot.	détester le rock.	entrer dans le magasin.	écouter de la musique.
Je/J'					
Tu					
Frédéric					
Nous					
Vous					
Léo et Marie					

Zeichnet vier Schiffe ein: jeweils 1, 2, 3 oder 4 Kästchen, waagerecht oder senkrecht, nicht diagonal. Die Schiffe dürfen einander nicht berühren. Spielt zu zweit wie bei „Schiffe versenken", aber um die Kästchen zu treffen, bildet ihr Sätze, wie z. B.:
Schülerin A: Vous écoutez de la musique.
Schüler B: Er schaut, ob er in dieser Spalte ein Kreuz gesetzt hat und antwortet auf Französisch: *Bateau touché!* (getroffen). *Manqué!* (daneben). *Bateau coulé!* (versenkt).

Una batalla naval *(tema: viajes)*

	viajar a otro país.	bucear en el mar.	pasar las vacaciones en el campo.	ir en avión.	estar de vacaciones con la familia.	hacer un viaje a una isla.
(yo)						
(tú)						
Rafa						
(nosotros/-as)						
(vosotros/-as)						
María y Elisa						

Zeichnet vier Schiffe ein: jeweils 1, 2, 3 oder 4 Kästchen, waagerecht oder senkrecht, nicht diagonal. Die Schiffe dürfen einander nicht berühren. Spielt zu zweit wie bei „Schiffe versenken", aber um die Kästchen zu treffen, bildet ihr Sätze, wie z. B.:
Schülerin A: María y Elisa bucean en el mar.
Schülerin B: Sie schaut, ob sie in dieser Spalte ein Kreuz gesetzt hat und antwortet auf Spanisch: *¡Barco tocado!* (getroffen). *¡Se falló!* (daneben). *¡Barco hundido!* (versenkt).

Didaktisch-methodische Überlegungen:
Durch dieses Lernsetting, das durch den Wettbewerbscharakter einen emotionalen Zugang zur inzidentellen Verankerung sprachlicher Mittel wie Kollokationen und grundlegender Verbkonjugation sowie Tempora bietet, ist gleichzeitig spielerisch eine Verankerung von Lexik und Syntax gewährleistet. Im Sinne einer didaktischen Reduktion und zur Verankerung der thematischen Lexik sollte der Wortschatz nicht willkürlich ausgewählt, sondern stets kollokativ und thematisch einem Bereich zugeordnet werden. Je nach Lernausgangslage und Stadium des Sprachlernprozesses können dabei verschiedene Tempora (eventuell auch vereinzelte Modi) zum Einsatz kommen.

Innerhalb eines Spiels lässt sich der Schwierigkeitsgrad erhöhen, indem z. B. mit dem Präsens begonnen wird und nach einigen Minuten der Wechsel zu einem anderen Tempus erfolgt. Dafür bieten sich Hilfestellungen innerhalb des Materials an, die eine Orientierung bieten (siehe unten exemplarisch für das Spanische). In welchem Umfang Hilfestellung angeboten wird oder ob projizierte Kästen mit Konjugationsparadigma zur Orientierung für einen *active recall* reichen, muss die Lehrkraft je nach Lernausgangslage entscheiden. Die Verwendung der Tempora sollte jedoch Sinn ergeben und keine unnatürlichen Satzsequenzen generieren. Die Schülerinnen und Schüler können auch selbstevaluatorisch ihr Material auswählen, entweder mit oder ohne Hilfestellung. Die Lehrkraft geht während des Spiels herum, dennoch ist es wichtig, dass die Lernenden einen Schutzraum haben und eine gegenseitige Korrektur bei der Bildung der Sätze erfolgen kann.

Una batalla naval (tema: viajes)

	viajar a otro país.	**bucear en el mar.**	**pasar las vacaciones en el campo.**	**ir en avión.**	**estar de vacaciones con la familia.**	**hacer un viaje a una isla.**
(yo)	viaj**o** a otro país.					
(tú)		buce**as** en el mar.				
Rafa			pas**a** las vacaciones en el campo.			
(nosotros/-as)				v**amos** en avión.		
(vosotros/-as)					est**áis** de vacaciones con la familia.	
María y Elisa						hac**en** un viaje a una isla.

Umsetzungsalternativen:
In einer Plenumsphase kann das Spielfeld für alle projiziert werden. Die einzelnen Felder erhalten Buchstaben und Nummern, wie z. B. die Personalpronomina die Nummern 1 bis 6 und die Kollokationen die Buchstaben A bis F. Beispiel: Ein Schüler beginnt und sagt in der

Fremdsprache „4 F“ zu einer Mitschülerin, die dann den Satz bildet und spricht. Auf diese Weise lässt sich das Spiel abwandeln, um noch einmal im Plenum die zuvor vielfach geübten Sätze in den Blick zu nehmen.

Wenn dieses Spiel im Anfängerunterricht gespielt wird, kann die Anzahl der Kollokationen reduziert werden. Gleiches gilt auch für die Anzahl der Schiffe. Anstatt vier Schiffen, kann es z. B. auch nur drei Schiffe geben.

4 Mündliche Syntax-Übungen

4.1 Ein Wort ergibt das andere

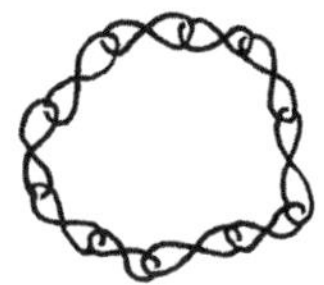

Mögliche Durchführung:

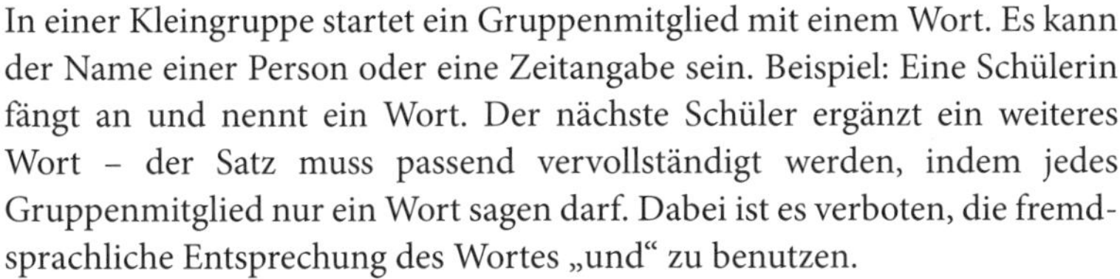

In einer Kleingruppe startet ein Gruppenmitglied mit einem Wort. Es kann der Name einer Person oder eine Zeitangabe sein. Beispiel: Eine Schülerin fängt an und nennt ein Wort. Der nächste Schüler ergänzt ein weiteres Wort – der Satz muss passend vervollständigt werden, indem jedes Gruppenmitglied nur ein Wort sagen darf. Dabei ist es verboten, die fremdsprachliche Entsprechung des Wortes „und“ zu benutzen.

Ist ein Satz vollständig, beginnt ein anderer Schüler und die Gruppe bildet wieder zusammen einen Satz. Es bietet sich an, dass die Kleingruppe im Vorfeld eine Sprachwächterin oder einen Sprachwächter bestimmt.

Yesterday – I – went – to – school – because – I – had – to – go.

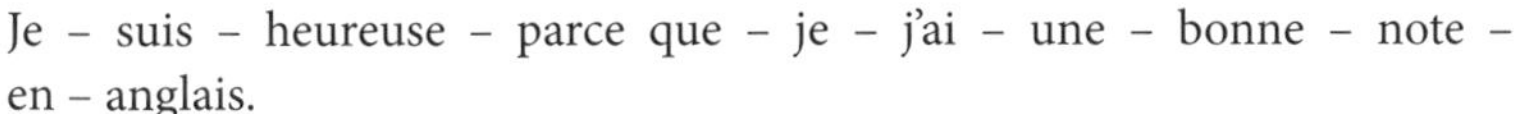

Je – suis – heureuse – parce que – je – j'ai – une – bonne – note – en – anglais.

Me – gusta – cantar – porque – es – mi – actividad – favorita.

Didaktisch-methodische Überlegungen:

Diese flexibel und leicht einzusetzende Übung legt den Fokus auf mehrere Ebenen. In sprachlicher Hinsicht müssen die Schülerinnen und Schüler hohe kognitive Anforderungen erfüllen, da sie inhaltlich den Kontext berücksichtigen und zugleich Regeln der Morphosyntax beachten müssen (u. a. Satzstellung, Verbangleichung). Zudem müssen für die Verknüpfung der Aussagen Konnektoren und Relativpronomina Anwendung finden. Diese Übung bietet somit die Möglichkeit, die Lernenden hinsichtlich hypotaktischer Satzstrukturen zu sensibilisieren.

Umsetzungsalternativen:

Es ist ebenfalls denkbar, die Übung im Plenum mit der ganzen Klasse durchzuführen. Allerdings sollte dieses Sprachlernsetting dann zuvor mehrfach in Kleingruppen erprobt worden sein, um eine Überforderung zu vermeiden. Eine weitere Alternative besteht darin, eine Person vorzugeben, die aus der aktuellen Unterrichtseinheit bekannt ist und zu der die Schülerinnen und Schüler inhaltliches Wissen erlangt haben. Diese fungiert sodann als Ausgangspunkt der Wortkette. Auf diese Weise kann der Inhalt zu einem Charakter wiederholt werden. Im Anschluss kann das reaktivierte Wissen problemlos zusammengetragen und für den Stundenschwerpunkt daran angeknüpft werden. Außerdem kann neben dem Verbot von „und" auch die Regel aufgestellt werden, dass sich Wörter nicht wiederholen dürfen.

4.2 Ich suche jemanden, der …

Mögliche Durchführung:
Die Schülerinnen und Schüler sitzen in einem Kreis zusammen. In einem großen Fremdsprachenkurs bietet es sich an, mehrere kleinere Kreise zu bilden. Der Sitzkreis wird so formiert, dass in der Mitte genug Platz für Bewegung ist. Ein Stuhl im Kreis bleibt leer, es ist also ein Stuhl zu viel im Sitzkreis. Die Person, die den einzigen freien Platz rechts neben sich hat, beginnt mit ihrer Suche. Dafür wird das Satzkonstrukt „Ich suche jemanden, der …“ in der jeweiligen Fremdsprache vorgegeben und muss von den Schülerinnen und Schülern mit Inhalt gefüllt werden. Diejenigen, auf die der Inhalt des Satzes zutrifft, stehen auf und begeben sich zu einem freien Platz. Da ein Stuhl zu viel in der Runde ist, bleibt immer ein Platz frei. Die Person, die diesen freien Stuhl rechts von sich hat, startet mit einer neuen Suche. Alle anderen Beteiligten hören zu und setzen sich – falls notwendig – in Bewegung.

I know someone who wasn't born in Hannover.

I am looking for someone who can do my homework for me.

Ohne Moduswechsel:
Je connais une personne/quelqu'un qui a les cheveux blonds.

Mit Moduswechsel:
Je cherche une personne/quelqu'un qui me donne un cadeau./soit intelligent.

Ohne Moduswechsel:
Conozco a una persona/a alguien que juega al tenis.

Mit Moduswechsel:
Busco a una persona/a alguien que hable cuatro lenguas./tenga un nuevo móvil.

Didaktisch-methodische Überlegungen:
Das Formulieren von Wünschen über Relativsätze ist für die Kommunikation alltäglich, weshalb es von grundlegender Bedeutung ist, derlei Strukturen zu automatisieren. Neben dem Relativpronomen bedarf es in den romanischen Sprachen je nach Sprecherintention eines Moduswechsels, wobei zwischen dem Französischen und Spanischen mit Blick auf die Verwendung des Subjunktivs in derlei Kontexten Unterschiede hinsichtlich des obligatorischen Gebrauchs des Modus bestehen. Durch die spielerische Anwendung

ist eine nachhaltige Abspeicherung solcher Satzgefüge möglich, ohne durch konkretes Suchen auf die passende Form zu kommen, was nicht nur der Flüssigkeit abträglich ist, sondern häufig nicht wohlgeformte Äußerungen hervorbringt.

Zur Differenzierung lassen sich bei den romanischen Sprachen kleinere Hilfekästen visualisieren, die die Formen des Subjunktivs ins Gedächtnis rufen. Der Schwierigkeitsgrad kann z. B. im Sekundarbereich II erhöht werden, indem der einleitende Satz in der Vergangenheit steht. Zumindest im Spanischen ist in diesem Fall obligatorisch der Subjunktiv Imperfekt zu wählen. Genauso eignen sich für die Sensibilisierung von Relativsätzen komplexe einleitende Relativsatzgefüge, die keinen Moduswechsel bedingen. Erweiterungen mit anderen Relativsatzkonstruktionen je nach Lernausgangslage und Lernjahr sind problemlos möglich (z. B. Verwendung von *whose/dont/cuyo/-s, cuya/-s*).

Umsetzungsalternativen:
Es besteht die Möglichkeit, dieses spielerische Arrangement wettbewerbsorientierter zu gestalten, indem ein Stuhl zu wenig in der Runde steht und eine Schülerin bzw. ein Schüler beginnt, die oder der in der Mitte steht. Auf diese Weise muss ein freier Platz jeweils schnell „erkämpft" werden. Die Person in der Mitte ohne Platz formuliert anschließend den nächsten Satz. Um etwaige Verletzungen durch Zusammenstöße zu vermeiden, sollte unbedingt darauf geachtet werden, dass in der Mitte des Sitzkreises hinreichend Platz zur Verfügung steht.

4.3 Blinde Fahrt

Mögliche Durchführung:
Die Schülerinnen und Schüler arbeiten zu zweit. Beispiel: Schülerin A übernimmt die Rolle der Befehlsgeberin und Schüler B muss die Befehle ausführen. Er schließt dazu seine Augen und lässt sich von seiner Partnerin, die auf ihrem Platz bleibt, „lenken". Schüler B hat zuvor ein Ziel im Klassenraum ausgewählt, das er erreichen will. Schülerin A dreht ihren Partner ein paar Mal, sodass er vorerst die Orientierung im Raum verliert. Anschließend startet Schülerin A mit den Befehlen in der entsprechenden Fremdsprache, die Schüler B an das gewählte Ziel bringen sollen. Nachdem das Ziel erreicht wurde, tauschen die beiden die Rollen.

Im Vorfeld ist es wichtig, Platz zu schaffen, um Zusammenstöße und Verletzungen zu vermeiden. Es ist auch denkbar, für das Spiel auf den Flur oder auf den Schulhof auszuweichen.

Vor dieser bewegungsintensiven Übung sollte eine schülerorientierte Reaktivierung der wichtigsten Richtungsangaben und Ortspräpositionen sowie der entsprechenden Verben erfolgen. Denn ohne die Kenntnis entsprechender Syntagmen kann das Ziel nicht erreicht werden.

Go/drive straight on!

Stop!

Turn left!

Go/drive straight on.

You have arrived on the door.

Tourne à gauche.

Va tout droit.

Tourne à droite.

Va tout droit.

Tu es arrivé au tableau.

¡Gira a la izquierda!

¡Gira otra vez a la derecha!

¡Alto!

¡Gira a la derecha!

¡Ve todo recto!

¡Alto!

Has llegado al pupitre.

Didaktisch-methodische Überlegungen:
Die Fähigkeit, Anweisungen zu äußern und diese mit Ortsangaben zu verbinden, ist wichtig für die Alltagskommunikation, sowohl im Straßenverkehr als auch in einer Kommunikationssituation, in der die Schülerinnen und Schüler jemandem einen Weg beschreiben müssen. In modaler Hinsicht ist dafür der Gebrauch des Imperativs in der jeweiligen Sprache notwendig sowie zur Bestimmung der Richtung die entsprechende Ortsangabe, die in den romanischen Sprachen komplex mit einer Präposition oder aus einer adverbialen Bestimmung besteht. Durch die spielerische Komponente werden die Satzgefüge nachhaltig abgespeichert und automatisch abrufbar.

Zur Differenzierung kann die Lehrkraft nach der gemeinsamen Reaktivierung der sprachlichen Mittel, insbesondere bezogen auf die Ortspräpositionen, diese permanent visualisieren, damit die befehlsgebenden Schülerinnen und Schüler sprachlich sicher agieren können; dabei ist eine wahrheitsgetreue Anordnung der Hilfen bei der Erarbeitung und Visualisierung sehr wichtig: Die Ortsangaben sollten an der Tafel oder am Activeboard so notiert sein, dass sie auch optisch wiedergeben, wofür sie stehen, d. h. die Ortsangabe „rechts" (mit einem entsprechenden Pfeil) sollte dementsprechend von den Lernenden aus gesehen auch rechts an der Tafel stehen.

Umsetzungsalternativen:
Anstatt die Übung in Partnerarbeit durchzuführen, kann auch eine Kleingruppe mit drei Personen gebildet werden. Beispiel: Schülerin C gibt die Anweisungen, Schüler A und B lassen sich lenken. Sie bilden dafür eine kleine Reihe und Schüler B umfasst die Schultern von Schüler A. Schüler B fungiert somit als physischer Lenker. Er sieht den Raum, Schüler A hingegen nicht. Da Schüler B sehen kann, ist etwas mehr Sicherheit bei der Durchführung gewährleistet. Es bieten sich in diesem Zusammenhang leistungsheterogene Paare an, sodass Schüler B z. B. aufgrund eines größeren Wortschatzes die Rolle des physischen Lenkers übernehmen kann. Schülerin C sollte aber natürlich auch einen guten Wortschatz haben.

4.4 Konnektoren in Bewegung

Mögliche Durchführung:
Nachdem einige mehrgliedrige Konnektoren eingeführt wurden, überlegen sich die Schülerinnen und Schüler in Paararbeit, wie sich diese mit einer Hand- bzw. Armbewegung sinnvoll symbolisieren lassen, um deren Verwendung mehrkanalig zu konsolidieren. Danach stellen sie ihre möglichst zielgerichteten Bewegungen anderen Paaren vor, die die entsprechenden Konnektoren benennen müssen und werden im Anschluss selbst zu Ratenden.

On the one hand ..., on the other hand ...

Both … and …

The more …, the more …

Neither … nor …

Either … or …

D'un côté …, de l'autre …

Aussi bien … que …

Plus …, plus …

Ni … ni …

Ou … , ou …

Por un lado, por otro lado …

Tanto … como …

Cuanto más … más …

Ni … ni …

O … o …

Didaktisch-methodische Überlegungen:
Die Verwendung von Konnektoren im mündlichen und im schriftlichen Gebrauch ist für die Kohäsion im Sinne der Herstellung inhaltlicher und formaler Bezüge zwischen Sätzen sowie der Kohärenz für die semantisch-logische Verknüpfung zwischen Aussagen von zentraler Bedeutung.

Logisch-semantische Satzverknüpfungen sollten daher immer wieder bewusst gemacht und mehrkanalig gefestigt und anschließend kontextualisiert angewandt werden. Mehrgliedrige Konnektoren bieten sich besonders an, mit Bewegung kombiniert zu werden, da man z. B. zwei Oppositionen zum Ausdruck bringen kann, die sich über Handbewegungen verstärken lassen.

Umsetzungsalternativen:
Die Paare können sich die Bewegung zu einem Konnektor auch aufteilen. Beispiel: Schüler A zeigt die Bewegung zum ersten Teil des Konnektors und Schülerin B übernimmt die physische Illustration des zweiten Konnektors.

4.5 ABC-Sätze

Mögliche Durchführung:
Die Schülerinnen und Schüler bilden größere Gruppen mit etwa sechs bis acht Personen. Beispiel: Schüler A formuliert einen Satz, der mit A beginnt. Das erste Wort kann ein Name oder auch eine andere Wortart sein. Schülerin B muss inhaltlich an den vorherigen Satz anknüpfen und ihren Satz mit dem Buchstaben B beginnen lassen usw. Zur Reaktivierung des Alphabets in der jeweiligen Zielsprache kann dieses vor der Bildung von Sätzen in der Kleingruppe reihum wiederholt werden. Ziel ist es, Sätze in der Reihenfolge des Alphabets zu bilden, wobei stets das erste Wort mit dem nachfolgenden Buchstaben des Alphabets beginnt. Sollte eine Schülerin oder ein Schüler kein Wort mit dem passenden Buchstaben für den Beginn eines Satzes finden, kann sie oder er aussetzen.

Schüler A: A man came to a drugstore.

Schülerin B: But he didn't know what to buy.

Schüler C: Close to him was his wife.

Schüler D: Damn, he thought, I always forget those things!

Schülerin A: Antoine va à l'école.

Schüler B: Bientôt il va arriver.

Schüler C: C'est le chemin le plus court qu'il a pris.

Schülerin D: Devoirs à faire à la maison? Il les a oubliés.

Schüler A: Agua fría me gusta mucho.

Schüler B: Beberla me gusta más.

Schülerin C: Cervezas también están muy ricas.

Schüler D: Dime la verdad, ¿ya has bebido una cerveza hoy?

Didaktisch-methodische Überlegungen:
Diese Übung stellt für die Lernenden eine besondere Herausforderung dar: Sie werden zum einen gedanklich inhaltlich gefordert, indem sie auf den vorherigen Satz ihres Gruppenmitglieds reagieren müssen. Zum anderen müssen die Schülerinnen und Schüler syntaktisch korrekte Sätze bilden und darauf achten, dass das erste Wort mit dem Anfangsbuchstaben

beginnt, der gerade an der Reihe ist. Dies stellt eine immense Herausforderung dar, weshalb sich diese Übung mit Blick auf das Lernniveau für fortgeschrittene Sprachenlernerinnen und Sprachlerner anbietet. Im Sinne einer didaktischen Reduktion ist es sinnvoll, dass die Lehrkraft im Vorfeld bestimmte Buchstaben, wie z. B. das „x", tilgt. Dies gilt es individuell hinsichtlich der jeweiligen Zielsprache zu entscheiden. Buchstaben, die in den Zielsprachen nur in Fremdwörtern vorkommen, können ebenfalls ausgeklammert werden, wie z. B. „k" in den romanischen Sprachen.

Umsetzungsalternativen:
Zur Steigerung des Schwierigkeitsgrades können die Schülerinnen und Schüler aufgefordert werden, Sätze mit Wörtern zu bilden, deren Anfangsbuchstaben innerhalb des Satzes alle in alphabetischer Reihenfolge stehen. Als weitere Möglichkeit können auch Sätze nur mit A-Wörtern, B-Wörtern usw. formuliert werden.
Auch hier sollten die Lernenden die Möglichkeit haben auszusetzen, da der Schwierigkeitsgrad um ein Vielfaches höher ist. Im Vorfeld sollte zudem darüber nachgedacht werden, grammatische Funktionswörter wie Artikel oder Präpositionen, die von einem Adjektiv oder Verb regiert werden, also eine grammatische Funktion haben, nicht zu zählen, sondern ausschließlich Wortklassen wie Nomen, Verben und Adjektive sowie Pronomen mit lexikalischer Bedeutung, Adverbien und auch Konjunktionen in die alphabetische Reihenfolge einzubeziehen. Ansonsten ist diese Art der Übung für die Lernenden kaum zu bewältigen.

Sprachmittlung kreativ anbahnen

5.1 Mehrsprachiger Small Talk

Mögliche Durchführung:
Vier Schülerinnen und Schüler treten vor die Klasse. Zwei von ihnen setzen sich auf einen Stuhl, die beiden anderen positionieren sich stehend dahinter, sodass jeweils eine stehende Person einer sitzenden zugeordnet ist. Beispiel: Die beiden sitzenden Schülerinnen A und B führen ein Gespräch auf Deutsch, z. B. über das letzte Wochenende oder das Lieblingsessen. Dabei darf stets nur ein Satz geäußert werden. Die stehenden Schüler C und D mitteln bzw. übersetzen anschließend in die jeweilige Fremdsprache, was gesprochen wurde. Schülerin A beginnt, sich über das letzte Wochenende zu äußern, dieser Satz wird anschließend gemittelt. Schülerin B reagiert und äußert sich dementsprechend, was wiederum von Schüler D gemittelt wird, der hinter ihr steht.

Um thematischen Wortschatz zu reaktivieren, besteht die Möglichkeit, ein aktuelles Thema als Gesprächsanlass zu nutzen. Erstrebenswert ist, dass der zu verwendende Wortschatz eine Herausforderung für die übersetzenden Personen darstellt, da sie unbewusst Strategien anwenden sollen.

Zuerst sollten leistungsstarke Lernende zur Übersetzung herangezogen werden. Dennoch sollten auch Satzanfänge angeboten werden, die die indirekte Rede einleiten, um einen flüssigen Beginn des Mittlungsaktes zu gewährleisten. Die zuschauenden und zuhörenden Schülerinnen und Schüler erhalten den Hörauftrag, auf die Strategien zu achten, die bei der Übersetzung eingesetzt werden, wenn z. B. Wörter oder Begriffe aus dem Deutschen nicht genau wiedergegeben werden können.

She/He says that …
She/He mentions/tells/explains that …
She/He asks/wants to know what/if/when …

Schülerin A: Also, hmm, letztes Wochenende war ich nicht viel unterwegs.

Übersetzer C: She says that she didn't go out much last weekend.

Schülerin B: Ah okay, ich war dagegen bei einem Volleyballspiel, aber meine Mannschaft hat nicht gewonnen, obwohl es sehr knapp war.

Übersetzer D: She mentions that she had a volleyball match, but she and her team lost the match.

Elle/Il dit que …
Elle/Il mentionne/raconte/explique que ...
Elle/Il demande/veut savoir ce que/si/quand …

Schülerin A: Am Wochenende habe ich mit meiner Schwester Bandnudeln gekocht.

Übersetzer C: Elle dit qu'elle a cuisiné avec sa soeur, un type de pâtes.

Schülerin B: Das klingt wunderbar. War es denn lecker?

Übersetzer D: Elle dit que c'est super et elle demande si c'était bon.

Dice que ...
Menciona/Cuenta/Explica que …
Pregunta/Quiere saber lo que/si/cuándo …

Schülerin A: Am Samstag war ich in einem Club mit einigen Kumpels.

Übersetzer C: Cuenta que el sábado fue a una discoteca con amigos.

Schülerin B: Wohin seid ihr gegangen? Ich konnte leider nicht, ich war stark erkältet.

Übersetzer D: Quiere saber adónde fuisteis y él explica que no pudo ir porque estaba enfermo.

Didaktisch-methodische Überlegungen:
Häufig müssen Schülerinnen und Schüler im Urlaub für Freunde oder Eltern übersetzen oder beim Schüleraustausch, bei dem es unweigerlich zu Situationen kommt, in denen nur eine Person eine Fremdsprache spricht. Die Übung zielt darauf ab, die Kompetenz der schriftlichen Sprachmittlung in einem ersten Schritt über den mündlichen Weg anzubahnen. Die Lernenden müssen dabei Strategien anwenden, um bestimmte Informationen passend zu mitteln, wie z. B. Vereinfachungen, Paraphrasierungen, Tilgung von unwichtigen Informationen, Verwendung von Synonymen und Antonymen, Überordnungs- und Unterordnungsprinzipien. Die beobachtenden Schülerinnen und Schüler filtern diese Strategien bewusst heraus. Im Hinblick auf die Sprachlernkompetenz werden diese Strategien schülerorientiert gesammelt und mit den Beispielen aus der Übung illustriert. Hier lassen sich bereits interkulturelle Nuancen, die notwendigerweise bei bestimmten Begrifflichkeiten erläutert werden müssen, hervorheben. Die

gesammelten Strategien fungieren als Grundlage und Ausgangspunkt für die schriftliche Sprachmittlung und können im Laufe der Einheit erweitert werden. Die Satzanfänge bieten den Übersetzenden eine Struktur und entlasten ebenso komplexe Konstruktionen wie indirekte Fragesätze vor.

In sprachlich-struktureller Hinsicht lässt sich im Sekundarbereich II derart differenzieren, dass das *scaffolding* mit Blick auf die satzeinleitenden Strukturen anspruchsvoller wird, indem die satzeinleitenden Verben in der Vergangenheit stehen. Dadurch ergibt sich eine Zeitenverschiebung, die kommunikativ sinnvoll für die Lernenden eingebettet ist (*He said that …/ Elle a dit que …/Dijo que …*).

Umsetzungsalternativen:
Zur Neigungsdifferenzierung in den 2. Fremdsprachen kann das Setting multilingual gestaltet werden, indem auch die sitzenden Schülerinnen oder Schüler Englisch sprechen (hierzu sollte vorher bewusst wahrgenommen werden, welche Lernenden besondere Stärken im Englischen haben). Grundsätzlich ist es denkbar, dass zunächst in Gruppen mit mindestens fünf Schülerinnen und Schülern gearbeitet wird. Beispiel: Zwei Schüler sprechen Deutsch, zwei übersetzen und eine Person achtet auf die Strategien. Anschließend kann nicht nur das Thema gewechselt, sondern können auch die Rollen getauscht werden, sodass alle Schülerinnen und Schüler jede Rolle mindestens einmal innehatten. Abschließend kann noch ein Durchgang im Plenum stattfinden, bevor die Strategien zusammengetragen werden.

5.2 Wort – Fremdwort – Lösungswort

Mögliche Durchführung:

Die Lehrkraft, eine Schülerin oder ein Schüler wählt Lexeme oder Kollokationen aus, die im Deutschen zwei Entsprechungen haben, zum einen als Fremdwort, zum anderen als Alltagswort. Beispiel: Die Schülerinnen und Schüler spielen zu zweit gegeneinander. Wer zuerst die jeweiligen Entsprechungen, Fremdwort und Alltagswort in der jeweiligen Fremdsprache gefunden hat, bekommt Punkte. Dies sollte schriftlich erfolgen, damit beim Gegeneinanderantreten nicht das entsprechende Fremdwort oder korrekte zielsprachliche Wort „gestohlen" wird. Je nach Lernausgangslage muss dabei berücksichtigt werden, welche Fremdwörter die Schülerinnen und Schüler im Deutschen überhaupt kennen könnten und deshalb in der Lage sind, Lösungen zu finden. Wenn die Lernenden selbst Wörter für dieses Spiel finden sollen (z.B. als Hausaufgabe), sollte ebenfalls darauf aufmerksam gemacht werden, dass lösbare und alltägliche Fremdwörter einbezogen werden, damit die Aufgaben in der Klasse in der jeweiligen Fremdsprache gelöst werden können. Für den Anfängerunterricht ist es sinnvoll, zuerst die ausgewählte im Sprachgebrauch übliche Kollokation darzubieten und in ungeordneter Reihenfolge die entsprechenden Fremdwörter zuordnen zu lassen, aus denen sich der entsprechende Ausdruck in der anvisierten Fremdsprache ableiten lässt. So können die Schülerinnen und Schüler Regelhaftigkeiten erkennen, die zum kreativen Sprachgebrauch anregen und das Sprachbewusstheit fördern.

Lehrkraft: Ein Projekt vorstellen.

Schülerin A: Fremdwort: (ein Projekt) präsentieren – to present (a project).

Schülerin B: …

2 Punkte für Schülerin A

0 Punkte für Schülerin B

Lehrkraft: Es ist lecker.

Schüler A: (es ist) …

Schüler B: …(es ist) deliziös – c'est délicieux.

2 Punkte für Schüler B

0 Punkte für Schüler A

Lehrkraft: Die Eindrücke meiner Reise.

Schülerin A: Die Impressionen meiner Reise – las impresiones de mi viaje.

Schüler B: … die Impressionen meiner Reise – …

2 Punkte für Schülerin A

1 Punkt für Schüler B

Alternative für den Anfängerunterricht:
Ordnet die zusammengehörigen Wörter einander zu: Alltags- und Fremdwörter

an etwas teilnehmen Streit etwas erschaffen etwas beweisen äußerlich	demonstieren kreieren extern Konflikt partizipieren

Didaktisch-methodische Überlegungen:
Der Terminus Fremdwort ist grundsätzlich sehr ambivalent, häufig sind damit die sogenannten Lehnwörter gemeint, die den volkstümlichen Wörtern, den sogenannten Erbwörtern gegenübergestellt werden, die in allen Vorstufen der Sprache bereits existent waren. Lehnwörter hingegen sind irgendwann im Zuge der Sprachentwicklung aus anderen Sprachen übernommen worden. Bei den romanischen Sprachen lässt sich in diesem Zusammenhang festhalten, dass die Erbwörter diejenigen sind, die die gesamte lautliche Entwicklung vom Vulgärlateinischen bis zum heutigen Stand mitgemacht haben. Das Lateinische fungierte jedoch weiterhin über mehrere Jahrhunderte als Bezugsquelle für Entlehnungen, und zwar nicht nur in den romanischen Sprachen, sondern ebenfalls in der germanischen Sprachfamilie. So ist der englische Wortschatz zutiefst mit romanischen Elementen versehen, weshalb Englisch als eine germanisch-romanische Mischsprache aufgefasst werden kann (vgl. Bossong 2008: 7). Auch in der deutschen Sprache finden sich zahlreiche Wörter, die einen lateinischen Ursprung haben. Deshalb bietet sich diese Übung zur Bewusstmachung der Ähnlichkeiten zwischen den Fremdsprachen über Internationalismen (*Universität/university/université/universidad*) hinaus an, um durch Fremdwörter der eigenen Muttersprache Wörter aus der Zielsprache herzuleiten. Diese Strategie ist somit für zahlreiche Kompetenzen – rezeptiv wie produktiv – hilfreich. So auch für die Sprachmittlungskompetenz.

Umsetzungsalternativen:
In den 2. Fremdsprachen ist es möglich, dass Englische als Bezugsquelle heranzuziehen und das gegebene Setting dahingehend zu modifizieren, dass die Lernenden einen *chunk* im Deutschen vorgeben, wie z. B. „während des Sommers", die Entsprechung im Englischen mit *during the summer* gefunden wird und letztlich das englische Temporaladverb „romanisiert" wird, sodass sich *durant l'été* oder *durante el verano* ergibt.

Eine weitere Möglichkeit zur Veränderung der Übung besteht darin, die Fremdwörter ausschließlich kontextualisiert in einem deutschen Textfragment darzubieten, sie aufspüren zu lassen, die Bedeutung im Deutschen herauszuarbeiten und das Äquivalent aus der jeweiligen Zielsprache auffinden zu lassen.

5.3 Typisch deutsch!

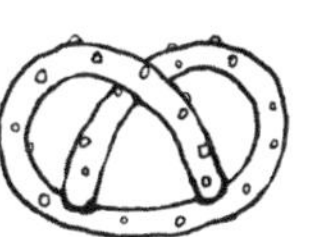

Mögliche Durchführung:
Typisch deutsche Aktivitäten oder Besonderheiten aus dem deutschen Bildungssystem für die Anbahnung von Sprachmittlungsstrategien heranzuziehen, ist äußerst reizvoll, da es für die Schülerinnen und Schüler unerlässlich ist, auf Paraphrasen, Hyperonym-Hyponym-Verhältnisse, aber auch Synonyme und Antonyme, die bei der Umsetzung der gewählten Begriffe zum Tragen kommen, zurückzugreifen. In einer dezentralen Phase arbeiten die Schülerinnen und Schüler zunächst geschützt in Partnerarbeit. Erst im Anschluss wird das Plenum einbezogen. Beispiel: Schüler A beschreibt einen Begriff, ohne ihn zu nennen. Schülerin B hört den Ausführungen genau zu und versucht auf ihrer Basis die Lösung zu finden. Anschließend bündeln die Schülerinnen und Schüler die Strategien, die sie beim Paraphrasieren genutzt haben.

Kasten für alle Sprachen möglich:

Grünkohltour
Boßeln
Skat
Faustball
Oberschule
Flaschenpfand
Verfügungsstunde
Plattdeutsch

It is the act of …

It refers to the action of …

It is something that you do/get when …

It is a system for …

It is a kind of …

C'est l'action de …

C'est l'acte de …

C'est quelque chose que tu fais/reçois quand …

C’est un système pour …

C’est une façon de …

Es la acción de …

Es el acto de …

Es algo que haces/recibes cuando …

Es un sistema para …

Es una forma de …

Didaktisch-methodische Überlegungen:
Die Auswahl der Begriffe bezieht sich auf solche, die keine direkte Entsprechung in der jeweiligen Zielsprache haben und eher als genuin existent in Deutschland zu bezeichnen sind. Somit schwingen ebenfalls kulturelle Nuancen mit, die es zu beachten gilt. Denn so ist es bei der Umschreibung nicht bzw. nur teilweise möglich, auf ein Äquivalent in der Zielsprache zurückzugreifen. Diese kulturellen Nuancen sind ein Gütekriterium für eine gelungene Sprachmittlungsaufgabe, da die mittelnde Schülerin bzw. der mittelnde Schüler stets zwischen zwei Kulturen mittelt und bestimmte Inhalte ohne kulturelle Erläuterungen für die Person aus dem Zielsprachenland nicht nachzuvollziehen sind. Die Satzanfänge sind so gewählt, dass sie eine Einleitung in den Sprechakt gewährleisten, um indefinite Beschreibungen vornehmen zu können. Die Passung dieser Satzanfänge zu den Begriffen ist zentral, damit Schülerinnen und Schüler die Umschreibungen in der Fremdsprache vornehmen können und eine Grundlage haben, ihren Sprechakt zu beginnen.

Umsetzungsalternativen:
Die Auswahl der Begriffe kann auch auf die Schülerinnen und Schüler als vorbereitende Hausaufgabe ausgelagert werden. Als Hausaufgabe können sie sich z. B. Gedanken darüber machen, welche Aktivitäten oder Aspekte des Bildungssystems usw. typisch für Deutschland sind und in anderen Ländern unbekannt.

Orthografie mit Bewegung

6.1 Das interaktive Alphabet

Mögliche Durchführung:
Die Schülerinnen und Schüler zählen im Plenum das Alphabet in der jeweiligen Zielsprache durch und merken sich dabei „ihren" Buchstaben (in Anlehnung an Mischke 2018). Da häufig mehr Schülerinnen und Schüler in einer Klasse als Buchstaben im zielsprachlichen Alphabet sind, können Buchstaben doppelt oder sogar dreifach vergeben werden. Beispiel: Zunächst gibt die Lehrkraft ein Wort als Beispiel in die Klasse. Die Schülerinnen und Schüler buchstabieren das Wort selbst durch, indem diejenigen, die den jeweiligen Buchstaben repräsentieren, aufstehen und dabei den Buchstaben laut in die Klasse rufen. Gibt die Lehrkraft also das Wort *book* vor, steht zuerst die oder der Lernende mit dem Buchstaben „B" auf, ruft diesen in die Klasse und setzt sich wieder hin. Anschließend ist zwei Mal die Person an der Reihe, die den Buchstaben „O" repräsentiert. Sie muss zwei Mal aufstehen und sich wieder setzen. Es wird so lange in der Klasse buchstabiert, bis das Wort abgeschlossen ist. Da bei dem Wort „book" nur drei Schülerinnen und Schüler aktiviert werden, bietet es sich an, ganze Sätze einzufordern, die sich aus der aktuellen Thematik ergeben und demnach aus bekannten Wörtern bestehen. Bei der Auswahl durch die Lehrkraft sollte darauf geachtet werden, Sätze zu verwenden, die eine möglichst große Vielfalt an Buchstaben aufweisen. Gleichwohl sind manche Buchstaben deutlich weniger frequent. Daher besteht die Möglichkeit, bei Sonderzeichen (z. B. im Französischen oder Spanischen die verschiedenen diakritischen Zeichen) und grundsätzlich bei Interpunktionen (Komma, Punkt) und Leerzeichen die ganze Klasse aufstehen und zusammen das jeweilige Zeichen laut in der Fremdsprache rufen zu lassen. Es ist ebenso denkbar, dass für die Sonderzeichen im Französischen und Spanischen eine Bewegung für das grafische Zeichen von der ganzen Klasse imitiert wird (z. B. *accent aigu, accent circonflexe, tilde* usw.). Auf diese Weise ergibt sich ein äußerst dynamisches Alphabet.

Basale Sonder- und Interpunktionszeichen, bei denen alle Schülerinnen und Schüler aufstehen:

period
comma
space

point
virgule
espace
accent aigu (é)
accent grave (è)
accent circonflexe (ô)

punto
coma
espacio
acento/tilde (á)
tilde (ñ)

Didaktisch-methodische Überlegungen:
Die Schriftsysteme der jeweiligen Sprachen weisen gewichtige Unterschiede untereinander auf. Das Spanische hat vom Deutschen als Ausgangssprache gedacht eine recht eindeutige Laut-Schrift-Korrespondenz. Für den Anfängerunterricht wird es deshalb bisweilen als einfacher zu lernen als z. B. Französisch beschrieben. Grundsätzlich sollte für die ersten Monate des Anfängerunterrichts in allen zu unterrichtenden Fremdsprachen überlegt werden, diese rein über das Hören und Sprechen zu vermitteln. Das Französische weist hingegen eine für Lernende im Vergleich zum Spanischen und von der deutschen Muttersprache aus gedacht abweichendere Schrift-Laut-Korrespondenz auf. Im Französischen ist dies auf die spätmittelalterliche Lautentwicklung nach der schriftlichen Fixierung des Französischen zurückzuführen, die die Möglichkeit einer starken Morphologisierung der Schreibung bot (vgl. Meisenburg 1996). Das englische Schriftsystem ist ebenfalls äußerst komplex, hier reicht ein Blick auf die unterschiedliche grafische Realisierung des Lautes [iː], das zahlreiche Varianten in der Schriftform bereithält. Insbesondere für Schülerinnen und Schüler des unteren Leistungsniveaus stellen sich hier sehr hohe Herausforderungen (vgl. Hass/Kieweg 2012: 121f.).

Lernerfolge und ein stärkeres Bewusstsein für die Gesetzmäßigkeiten der zielsprachlichen Ortografie sowie Motivation durch Integration von weitgehend zielgerichteter Bewegung zur Förderung der Ortografie können sich durch dieses Übungsformat einstellen, damit beim produktiven Schreiben an die ausgeführten Bewegungen gedacht wird.

Umsetzungsalternativen:
Anstatt dieses Spiel direkt im Plenum einzusetzen, können die Lernenden zunächst geschützt in Gruppen agieren (z. B. mit sechs Personen), sodass alle mehrere Buchstaben repräsentieren. Um weitere Ebenen der zielgerichteten Bewegung zu integrieren, können die Schülerinnen und Schüler beim Aufstehen versuchen, den Buchstaben mit den Armen zu imitieren. Was die Mehrkanaligkeit dieser Übung weiter ausbaut.

6.2 Rücken- und Luftmalerei

Mögliche Durchführung:
Wenn es um die Sensibilisierung für die zielsprachliche Orthografie geht, sollte diese leicht ohne Aufwand einzusetzende kinästhetische Übung im Anfängerunterricht nicht fehlen. Beispiel: Zwei Schülerinnen und Schüler sitzen dabei zusammen. Schülerin A wählt ein Wort oder eine Kollokation aus, z. B. aus dem aktuellen Themenwortschatz, ohne es Schüler B zu sagen. Schülerin A malt das Wort oder die Kollokation langsam und deutlich mit dem Zeigefinger auf den Rücken von Schüler B. Dieser muss die Bewegungen mit den entsprechenden Buchstaben in Verbindung bringen und den Ausdruck sagen. Liegt er richtig, bekommt er einen Punkt. Nun ist Schüler B an der Reihe und zeichnet ein Wort auf den Rücken von Schülerin A. Es kann bis zu einer bestimmten Punktzahl gespielt werden.

Anschließend bietet es sich an, bestimmte Wörter im Plenum, z. B. nach Ober- und Unterkategorien sammeln zu lassen oder passende Verben zu einem Oberthema, um den Wortschatz der Lernenden zu erweiteren und eine Sensibilisierung für Themenfelder herzustellen.

Didaktisch-methodische Überlegungen:
Die Kombination von zielgerichteter Bewegung und Ortografie kann zu einer nachhaltigen Konsolidierung der Orthografie beitragen. Eine solche mehrkanalige Übung sorgt zudem aufgrund ihres spielerischen Charakters für eine besondere Motivation unter den Schülerinnen und Schülern. Da der Fokus im Anfängerunterricht zunächst deutlich auf Sprechhandlungs- und Hörverstehenskompetenz liegen sollte, bieten sich derlei spielerische Arrangements mit kinästhetischem Charakter an, wenn die Schülerinnen und Schüler beim Schreibplanungsprozess thematischen Wortschatz benötigen. Dieser kann im Rahmen einer Einstiegsaktivität reaktiviert werden, sodass die Lernenden sowohl eine sprachliche als auch eine inhaltliche Reaktivierung vornehmen.

Umsetzungsalternativen:
Anstatt auf den Rücken zu schreiben, kann das Wort, die Kollokation oder der Satz langsam in die Luft gemalt werden, während die Partnerin oder der Partner genau beobachtet und die Lösung sagt. Das Malen in der Luft kann ebenfalls als Differenzierung eingesetzt werden, wenn das Wort durch das Schreiben auf den Rücken nicht gelöst werden konnte.

Aktivierende Einstiegsrituale

7

7.1 Die Tagesassistenz

Mögliche Durchführung:
Um in den ersten Minuten der Stunde alle Schülerinnen und Schüler erst einmal in der Fremdsprache ankommen zu lassen, bietet sich das Prinzip der Tagesassistenz an. Dazu wird – zum Beispiel in alphabetischer Reihenfolge – in der vorhergehenden Stunde eine Schülerin oder ein Schüler bestimmt, die oder der in der darauffolgenden Stunde die Tagesassistentenz übernimmt. Beispiel: Die ausgewählte Schülerin überlegt sich im Vorfeld drei Fragen zu verschiedenen Thematiken, die den unmittelbaren Erfahrungsbereich der Mitschülerinnen und Mitschüler tangieren. Damit tatsächlich alle Lernenden zugleich aktiviert werden können, sollten die Fragen später im Unterricht nicht zentral an alle gestellt werden, sondern erst einmal in einer Murmelphase untereinander diskutiert werden. Nach jeder Frage und sich anschließenden Murmelphase kann eine Ausweitung ins Plenum stattfinden, bevor die Tagesassistenz die nächste Frage stellt.

What are your plans for the weekend?

Who is your favorite actor? Explain why.

What did you have for breakfast this morning?

Qu'est-ce que tu as fait le weekend?

Quel temps fait-il aujourd'hui?

Quelle est ta couleur préférée? Explique pourquoi.

¿Cuál es tu comida favorita? Explica por qué.

¿Qué vas a hacer hoy por la tarde?

¿Qué te gustaría hacer después del bachillerato?

Didaktisch-methodische Überlegungen:
Das Sprechen über den eigenen Erfahrungsbereich ist für die Schülerinnen und Schüler vertraut. Ohne lange inhaltlich mental zu planen, können sie auf die Fragen eingehen: Weil es sie unmittelbar betrifft. Im Sinne eines *spaced-practice*-Ansatzes (vgl. HATTIE 2009) zur Erhöhung der

Lernwirksamkeit sind Doppelungen von Fragen über mehrere Wochen und Monate unproblematisch, um einer Automatisierung Rechnung zu tragen. Zur Differenzierung bietet es sich an, universelle *chunks* zu projizieren, die für viele Themen zur Initiierung des Sprechaktes genutzt werden können: *Actually I think …/En fait, moi, je pense que …/En realidad, pienso que …*

Umsetzungsalternativen:
In einer großen Lerngruppe kann die Tagesassistenz auch von zwei Schülerinnen und Schülern übernommen werden, die sich zusammen für die Fragen verantwortlich fühlen. Des Weiteren kann eine thematische Einschränkung erfolgen, indem das Themenfeld im Vorfeld eingegrenzt wird (z. B. das letzte Wochenende, Ferien, Haustiere).

7.2 Ritualisiertes Activity

Mögliche Durchführung:
Zur Festigung des Wortschatzes hat das Spiel „Activity" längst einen festen Platz im Fremdsprachenunterricht. In der Vorstunde werden maximal zwei Lernende damit beauftragt, vier bis fünf Lexeme zum aktuellen Thema oder aus früheren Einheiten auszuwählen. Nach der Auswahl der Kollokationen sollen sie überlegen, wie sie diese darstellen wollen, damit die Mitschülerinnen und Mitschüler sie erraten. Dies kann mittels pantomimischer Simulation einer Aktivität erfolgen, anhand einer Zeichnung oder einer Erklärung, bei der jedoch die ausgewählte Kollokation nicht erwähnt werden darf. Für die Erklärung bieten sich Sprachgerüste an, die die Schülerinnen und Schüler unterstützend verwenden. Sie sollten in Abhängigkeit des Lernniveaus abgestuft oder erweitert werden.

It is something that you do when you …

For this activity you need …

Besides, it is important for …

C'est quelque chose que tu fais quand tu …

Pour cette activité, il se faut …

Il est important pour …

Es algo que haces cuando ...

Para esta actividad, se necesita ...

Es importante para ...

Didaktisch-methodische Überlegungen:
Die Reaktivierung des Wortschatzes bzw. lexiko-grammatischer Konstruktionen erfolgt mehrkanalig, zum einen dadurch, dass der Fokus stets auf Mehrworteinheiten liegt, und zum anderen werden Bewegungselemente, Zeichnungen oder kontextualisierte Erklärungen eingefordert, wodurch sich eine mehrkanalige Abspeicherung der ausgewählten Spracheinheiten ergibt. In diesem Fall greift ebenfalls der postulierte *spaced-practice*-Ansatz (vgl. Hattie 2009), um Spracheinheiten über einen längeren Zeitraum wieder in Erinnerung zu rufen und einer Konsolidierung Rechnung zu tragen.

Umsetzungsalternativen:
Die Lehrkraft kann die Auswahl der Kollokationen auf ein Themenfeld eingrenzen und in der nächsten Woche ein anderes einbeziehen. Auf diese Weise wird für die zusehenden bzw. zuhörenden Schülerinnen und Schüler deutlich, aus welchem Themengebiet die verwendeten Spracheinheiten stammen. Sie werden für Hierarchisierungen auf lexikalischer Ebene sensibilisiert, die dem menschlichen mentalen Lexikon entsprechen. Ebenso ist eine Einschränkung auf Aktivitäten denkbar, da diese nicht abstrakt, sondern problemlos pantomimisch präsentiert werden können.

Ein Wettbewerbscharakter ist sowohl für die präsentierenden Lernenden als auch für die ratenden motivierend: Es kann z. B. bis 3 oder 5 gespielt werden. Außerdem können die Ratenden in Gruppen aufgeteilt werden, die ihre Lösungen nicht reinrufen, sondern auf einem Zettel notieren und von einer Person aus der Gruppe nach vorn zur jeweiligen präsentierenden Person bringen lassen müssen. Für die Erklärung, die Zeichnung oder das pantomimische Vorspielen sollten nicht mehr als 30 Sekunden zur Verfügung stehen (eventuell für die Zeichnung eine Minute).

7.3 Wo bin ich?

Mögliche Durchführung:
Für diese spielerische Möglichkeit einer kurzen Reaktivierung von Kollokationen werden Vierergruppen gebildet. Im Vorfeld kann die Lehrkraft einen Stapel mit Orten vorbereiten, die die Schülerinnen und Schüler kennen. Dieser Stapel mit Orten wird umgedreht, also nicht sichtbar in die Mitte der Gruppe gelegt. Beispiel: Schüler A deckt den ersten Zettel des Stapels auf, macht dabei aber die Augen zu und zeigt den Ort nur den anderen drei Gruppenmitgliedern. Danach legt er das Blatt wieder zurück, ohne den Namen des Ortes gelesen zu haben. Nun schreiben die drei Gruppenmitglieder eine Kollokation auf einen Zettel in Bezug auf das, was man an diesem Ort machen kann. Auf dieser Basis muss Schüler A raten, um welchen Ort es sich handelt. Er hat drei Versuche. Die drei Gruppenmitglieder dürfen sich nicht absprechen, auch wenn dadurch möglichweise zwei oder sogar drei Mal die gleiche Kollokation auf den Zetteln steht. Errät Schüler A den Ort, bekommt er dafür einen Punkt. Ein anderes Gruppenmitglied deckt nach ihm den nächsten Zettel auf.

Ort: living room

Schuler B: Watching TV.
Schülerin C: Eating at the table.
Schüler D: Reading books.

Ort: la Bretagne

Schülerin B: Visiter Rennes.
Schülerin C: Découvrir des côtes.
Schüler D: Faire du surf.

Ort: Barcelona

Schüler B: Ver el estadio Camp Nou.
Schüler C: Dar un paseo por las Ramblas.
Schülerin D: Descansar en la playa.

Didaktisch-methodische Überlegungen:
Nicht nur der Reaktivierung von Spracheinheiten gilt bei dieser spielerischen Übung das Hauptaugenmerk, sondern ebenso inhaltlichem Wissen, das mit einem zentralen Thema in Verbindung gebracht werden muss. Dadurch werden Themenfeld und Überordnungs- sowie Unterordnungsprinzipien in

Augenschein genommen, die für eine nachhaltige Speicherung im mentalen Lexikon sorgen.

Umsetzungsalternativen:
Der Schwierigkeitsgrad der Übung kann erhöht werden, indem die drei nicht ratenden Gruppenmitglieder nicht nur eine Kollokation notieren, sondern den Satz bereits konjugieren: *You can eat there./On peut visiter Rennes là-bas./Se puede ir a las Ramblas allí.* Für die Fehlerkorrektur kann zur Differenzierung die oder der sprachlich Stärkste innerhalb der Gruppe ausgewählt werden und nach dem Aufschreiben der Sätze und des Erratens des richtigen Ortes die sprachliche Richtigkeit prüfen.

7.4 Was gibt es Neues?

Mögliche Durchführung:
Insbesondere im Sekundarbereich II besteht die Möglichkeit, durch ritualisierte Einstiege ein Mal pro Woche, die Schülerinnen und Schüler in die politische Lage der Zielsprachenländer eintauchen zu lassen. Eine dauerhafte Hausaufgabe kann darin bestehen, sich politisch zu informieren und mindestens einen politischen Aspekt zu präsentieren und zu kommentieren. Damit alle Schülerinnen und Schüler sofort ins Sprechen kommen, bieten sich Satzanfänge als Sprachgerüste an, die verwendet werden können, um den Sprechakt zu strukturieren. Für eine flächendeckende Aktivierung können die Schülerinnen und Schüler ihre Nachrichten zunächst untereinander austauschen, bevor sie sie im Plenum präsentieren. Die Lehrkraft sollte dabei ausschließlich im Hintergrund die Moderation übernehmen. Im Anschluss bietet sich eine *word bank* an, um neuen oder reaktivierten Wortschatz zu einer Thematik im Plenum zusammenzustellen. Sie sollte digital gesichert und der gesamten Gruppe zur Verfügung gestellt werden.

Well ... as for the news ...

I heard that ...

I got the latest news that ...

Besides, ...

I find it bad/good/surprising/terrible/curious that ... considering that/since ...

A sensationalist headline to attract attention to this news item could be ...

Alors ... en ce qui concerne les nouvelles …

J'ai entendu dire que ...

J'ai appris que …
Un autre truc, en plus, c'est …

Je trouve mauvais/bon/surprenant/terrible/curieux que (+ subjonctif) ... parce que …/puisque ...

Un titre sensationnel pour attirer l'attention sur cette nouvelle peut être ...

Bueno pues ... en cuanto a las noticias ...

He oído que ...

Me he enterado de que ...

Además,/Aparte de eso, ...

Me parece malo/bueno/sorprendente/terrible/curioso que (+ subjuntivo) ... teniendo en cuenta que/puesto que ...

Un titular sensacionalista para atraer mucha atención sobre esta noticia puede ser ...

Didaktisch-methodische Überlegungen:
Das Sprechen über tagespolitische Themen bietet den Schülerinnen und Schülern die Möglichkeit, soziokulturelles Erfahrungswissen zu erlangen. Da die Nachrichten die aktuelle Lebensrealität der Zielsprachenländer widerspiegeln (u. a. Einwanderung, Streiks, Wahlen, Aufarbeitung der Vergangenheit), erhalten die Lernenden einen kleinen Einblick in das sozio-politische Geschehen der Länder. Darüber hinaus wird immer wieder Wortschatz umgewältzt, um Nachrichten zu präsentieren und zu kommentieren, was eine nachhaltige Abspeicherung im mentalen Lexikon befördert.

Umsetzungsalternativen:
Um den Sprechakt rein monologisch und nicht dialogisch anzubahnen, kann jede Woche eine Schülerin bzw. ein Schüler im Vorfeld der Stunde damit beauftragt werden, einen kurzen dreiminütigen Vortrag zu einem aktuellen politischen Thema vorzubereiten, verbunden mit ein oder zwei Höraufträgen für die Mitschülerinnen und Mitschüler.

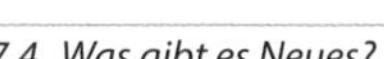

Literaturverzeichnis

BÄR, MARCUS (2016): „Vom Üben als notwendigem Übel zum funktionalen und intelligenten Üben". In: Burwitz-Melzer, Eva u. a. (Hrsg.): *Üben und Übungen beim Fremdsprachenlernen*. Tübingen: Narr, 9–18.

BAUR, RUPPRECHT & ZARUDKO, MARINA (2016): Lernen durch Bewegung. In: Praxis Fremdsprachenunterricht (2), 14–15.

BOSSONG, GEORG (2008): Die romanischen Sprachen – eine vergleichende Einführung. Hamburg: Buske.

FISCHER, GRÉGOIRE (2020): „Übung macht den Meister!". In: Der fremdsprachliche Unterricht Französisch 168: Intelligentes Üben, 2–9.

HARMS, LISA-MALIN (2019): „Spielend Französisch lernen?". In: Der fremdsprachliche Unterricht Französisch 159: Spielen, 2–8.

HAß, FRANK & KIEWEG, WERNER (2012): I can make it! Englischunterricht für Schülerinnen und Schüler mit Lernschwierigkeiten. Seelze: Klett Kallmeyer.

HATTIE, JOHN (2009): Visible Learning, London & New York: Routledge.

KANNGIESSER-KREBS, GISELA (2006): „Schreibspiele". In: Der fremdsprachliche Unterricht Spanisch 15: Spielen, 26–33.

KIEWEG, WERNER (2003): Die Rolle der Emotionen beim Fremdsprachenlernen. In: Der fremdsprachliche Unterricht Englisch 63: Emotionen, 4–10.

LEUPOLD, EYNAR (2007): Spielerische Aktivitäten im Französischunterricht. Seelze-Velber: Klett Kallmeyer.

MACEDONIA, MANUELA (2020): Voice Movement Icons. In: Macedonia, Manuela/Andrä, Christian (Hrsg.): Bewegtes Lernen. Handbuch für Forschung und Praxis. Hamburg: Lehmanns Media, 22–40.

MEISENBURG, TRUDEL (1996): Romanische Schriftsysteme im Vergleich. Berlin: De Gruyter.

MISCHKE, CHRISTOPHER (2018): „Bien parler – dès le début". In: Der fremdsprachliche Unterricht Französisch 152: Mündlichkeit stärken, 16–23.

PEPPEL, HENNING (2019): „Calentarse a través de movimiento". In: Der fremdsprachliche Unterricht Spanisch 67: Actividades cortas, 13–15.

SAMBANIS, MICHAELA & WALTER, MAIK (2019): In Motion. Theaterimpulse zum Sprachenlernen. Berlin: Cornelsen.

SAMBANIS, MICHAELA (2021): Spanisch lernen mit Bewegung. In: Der fremdsprachliche Unterricht Spanisch 73: Lernen mit Bewegung, 2–7.

THALER, ENGELBERT (2020): Englisch unterrichten. Berlin: Cornelsen.

WOLFF, DIETER (2004): Kognition und Emotion im Fremdsprachenerwerb. In: Börner, Wolfgang & Vogel, Klaus (Hrsg.): Emotion und Kognition im Fremdsprachenunterricht. Tübingen: Narr, 87–109.